A. H. Parlak

Ich *oder* Wir?

Gedanken über Liebe, Partnerschaft & Sex

Impressum

Bibliografische Information der Deutschen
Nationalbibliothek:
Die Deutsche Nationalbibliothek verzeichnet diese
Publikation in der Deutschen Nationalbibliografie;
detaillierte bibliografische Daten sind im Internet über
http://dnb.dnb.de abrufbar.

A. H. Parlak wurde 1962 in Keçiborlu (Türkei) geboren und
lebt seit 1968 in Deutschland. Die Autorin arbeitet als Single-
und Paarberaterin in München. Sie hat einen erwachsenen
Sohn und lebt mit ihrem Mann in München.

Herstellung und Verlag: BoD – Books on Demand,
Norderstedt

ISBN : 9783755752035

Inhalt

Anneme

UNTREUEFANTASIEN

Es gibt Frauen und Männer, die während ihrer Beziehung den Drang verspüren, fremd zu gehen. Sie sagen, dass es nicht an ihrem Partner läge, sondern an ihnen selbst. An ihrem mangelnden Selbstbewusstsein vielleicht oder an ihrer Suche nach Bestätigung, nach dem Thrill, den ihnen nur ein Liebhaber geben kann.

Hier könnte mein Artikel enden. Ist doch schon alles gesagt!

Bei Männern wird die Neigung zum Fremdgehen möglicherweise während der Adoleszenz angelegt, als sie (noch) ihre Hörner abstoßen mussten; in einem Single-Universum voller Alpha-Männer, die ausgestattet mit dem Arschloch-Gen, sich die schönsten Mädchen schnappten. Vielleicht ahnten diese Typen ja, dass die Tage gezählt waren, wo sie mühelos bei den Ladys landen konnten; ganz zu schweigen von der Angst im Bett ablosen zu können! *(Okay, ich weiß schon, heute gibt es Viagra! Als Ultima Ratio quasi. Aber den meisten Männern und Frauen ist der Griff nach Chemie dann doch suspekt.)* Und, wie ging es uns Frauen? Vermutlich waren wir gefangen zwischen dem Bedürfnis, in einer Zweierbeziehung aufzugehen und dem Drang nach sexuellen Abenteuern und Freiheit. Nicht jeder ist in seiner Jugend sexuell auf der Überholspur. Manche (männlichen) grauen Mäuse finden später zu sexuellem Reichtum, weil Macht und Geld ihnen endlich den Zugang zum anderen Geschlecht ermöglichen. Während *sie* die Karriereleiter mit einer schmucken Partnerin an ihrer Seite hinauf klettern, versauern die *Bad Guys* hinter schlecht bezahlten Jobs und dem Entsetzen darüber, dass die Attraktivität samt dem vollen Haar allmählich verschwindet.

Lauter Stereotypen?
Lauter Vorurteile?
Ja, vielleicht!
Und nun?

Inzwischen sind wir älter geworden. Führen vielleicht eine Ehe. Haben Kinder. Und doch meldet sich gelegentlich unser junges *Ich*, der Typ oder das Mädchen aus den Jugendtagen zurück. Wäre es nicht an der Zeit, dieses junge Wesen in uns noch einmal fest in den Arm zu nehmen und uns von unrealistischen Erwartungen zu verabschieden? Wir bestehen nicht nur aus Jugend. Jugend ist ein Gefühl und kein faltenloses Image. In diesem Fall ist mit Image *Bild* gemeint.

Ich habe vor einigen Jahren meine Lieblingsjeans meiner Nichte Nalan geschenkt. Eine Levis 501 in einer Minigröße. Ich hätte nie wieder in diese Jeans hineingepasst, warum also hob ich sie all die Jahre auf? Es ist schwer zu akzeptieren, dass unsere Wirkung auf das andere Geschlecht allmählich abnimmt. Warum können wir nicht sagen: Wir hatten unsere Zeit und jetzt beginnt eine Neue! Wir wissen, dass Erotik und Sex zu uns und unserem Leben gehören werden, solange wir atmen. Die Einschränkungen machen wir uns selbst. Die Welt ist voller schöner Menschen, ganz gleich, wie alt sie sind. Schönheit verschwindet nicht, sie nimmt nur eine andere Gestalt an.

Doch woher kommt nun der Wunsch nach sexuellen Abenteuern bei Männern und Frauen, die in festen Beziehungen stecken?

Ich wage eine leise Vermutung: Ist es letztendlich das Ur-Bedürfnis in uns nach Nähe und Intimität. Die Sehnsucht, uns im anderen spüren zu können? Lebendig zu sein? Das würde ja bedeuten, dass die Beziehung, in der man steckt, einem kein Leben mehr einhauchen kann. Heißt das, dass unsere Beziehung tot ist? Also noch mal: Der Gedanke ist ja der, dass wir versuchen wollen, unsere Beziehung *so* zu führen, dass sie wieder an Glanz gewinnt. Bunter wird. Heißer. Warum reden wir nicht darüber? Unser Partner ist doch nicht unser Feind. »Das ist doch voll pussymäßig …«, höre ich im Geiste unseren Auszubildenden Max sagen. Max ist neunzehn und sieht so gut aus, dass er auch ohne Reden *die Weiber* klar machen kann.

Okay, reden also! Wenn man dem Partner erklärt, was in einem vorgeht, fallen Ängste oft in sich zusammen. Wir alle sind Versuchungen ausgesetzt und das nicht erst seit des *World Wide Web*. Unsere Großeltern sind auch fremd gegangen. Nicht immer real, aber bestimmt in ihrer Fantasie. So wie wir eben. Vielleicht hat Ihr Partner ähnliche Ängste und wird erleichtert darüber sein, endlich mit Ihnen über diese Dinge reden zu können.

Ich finde, wir sollten mit unserem Partner über *jedes* Problem sprechen können und nicht *(nur)* mit der besten Freundin oder mit Fremden im Netz. *Er* ist es doch, der einem näher stehen sollte als jeder andere sonst. Wir geben unser Innerstes preis und erhalten Antworten von einer virtuellen Community, die ähnliche Sorgen hat. Warum tun wir das? Warum erzählen wir einem Fremden mehr als dem Menschen, den wir lieben? Wenn es nicht das Netz ist, laden wir unsere Sorgen bei unseren Freunden ab. Sie finden rasche

Antworten auf schwierige Fragen. Sie kennen uns gut. Eine prima Voraussetzung für ernsthafte Gespräche. Doch unsere Freunde sind auch nur Menschen und gelegentlich fließen in ihre gut gemeinten Ratschläge Eigeninteressen mit ein. Reden Sie *mit* ihrem Partner und nicht über ihn. Da dürfen auch mal die Fetzen fliegen. Das ist zwar nicht das, was wir in unserem Kommunikationskurs gelernt haben. So what? Wenn unser Partner erkennt, dass wir hilflos sind und die Beziehung aufrechterhalten wollen, nicht weil wir uns vor der Einsamkeit fürchten, sondern weil wir ihn lieben, wird es einen Weg geben, selbst ein so delikates Thema wie Untreuefantasien anzusprechen. Ich glaube, es gibt keinen durch und durch treuen Menschen. Wie können wir also von unserem Partner verlangen, tugendhaft und unfehlbar zu sein? Wir halten uns für moralisch korrekt, im besten Fall für jemanden, der sein Denken und Handeln kritisch reflektiert. Schuld ist unser Partner. Er ist der Böse! Er soll sich ändern! Scheinbar fällt es uns schwer, nach innen zu schauen, um zu verstehen, welchen Anteil wir selbst an den Konflikten haben. Das Schlimme daran ist, dass wir nicht nur das Verhalten des Partners als Ursache für unsere Beziehungsprobleme sehen, sondern auch fest daran glauben, dass in ihm die Lösung steckt. Eine Beziehung zu pflegen erfordert enorm viel Geduld und tonnenweise Verständnis. Um Herausforderungen bewältigen zu können, müssen wir lernen zuzugeben, dass auch *wir* Fehler machen! Wenn wir merken, dass wir uns falsch verhalten haben, sollten wir uns entschuldigen *(können)*, wie ich finde. Ich weiß, dass man manchmal wie versteinert da sitzt und keinen Schritt in diese Richtung machen kann. Wir neigen dazu zu sagen: Ach, morgen ist eh alles vergessen. Warum also schlafende Hunde wecken? Das Traurige ist, dass Probleme sich eben nicht (!) in

Luft auflösen. Sie gären im Stillen weiter und vergrößern unsere Distanz zueinander.

Zeigen wir Größe. Begegnen wir uns auf halbem Wege. Vielleicht ist es das, was man unter Beziehungsfähigkeit versteht? Wenn wir von Beziehung zu Beziehung hüpfen, werden wir nie lernen, dass das gemeinsame Lösen von Problemen sehr befreiend sein kann und uns und unseren Partner langfristig stärken wird. Nicht nur in der Paarbeziehung, sondern in allen Bereichen des Lebens.

FRUST MIT DER LUST

Wir alle kennen das: Unsere Beziehung verliert früher oder später an »Spannkraft«. Mit anderen Worten, die sexuelle Anziehungskraft füreinander lässt allmählich nach. Was ist geschehen? Während der ersten Monate waren wir quasi dauererregt und konnten die Finger kaum voneinander lassen. Wir sagten alle Termine ab, machten einen großen Bogen um unseren Briefkasten und unsere Freunde waren uns schlichtweg egal. Zum Sattwerden reichten uns zwei Bissen unserer Lieblingspizza und wenn wir nach einer heißen Liebesnacht zur Arbeit fuhren, hörten wir mit wehenden Fahnen unsere Lieblingsmusik in voller Lautstärke. Und jetzt? Wir sitzen neben unserem Partner auf dem Sofa und jeder starrt in sein Handy. Facebook & Co. bestimmen längst unseren Alltag und während wir unsere Mails checken, haben wir oder unser Partner ausgefallene Sexfantasien mit anderen.

Willkommen in der Realität!

Wie kommt es, dass selbst außergewöhnlich schöne Frauen berichten, der Mann oder die Frau an ihrer Seite zeige keinerlei Interesse mehr an Sex? Was passiert mit uns, wenn wir die Lust aneinander verlieren? Ist das etwas, womit wir uns abfinden müssen? Nein, sagt das *World Wide Web*! Wer keinen Sex hat, sei selber schuld! Na toll, noch so ein Hype, dem wir uns beugen müssen! Klar, die Libido braucht

Impulse: Gute Gespräche, Spontaneität, Spaß und ein wenig Schönmachen für den Partner hat noch keiner Beziehung geschadet. Ein Liebes-Kurz-Urlaub nach Paris kann jedoch uns und unseren Liebsten maßlos überfordern, wenn wir meinen, wir könnten so den Verlauf unserer Liebesgeschichte positiv lenken. Noch bevor wir im Flieger sitzen, wird unser Partner – ausgestattet mit Sensoren für Kitsch – des Friedens willen mitmachen. Aber echte Intimität sieht anders aus! Ein wenig ist das wie mit der Potenz des Mannes. Wenn er unter Druck steht, kriegt er keinen hoch.

Am Anfang nervten wir unsere Mitmenschen mit unserem endlosen Geknutsche und das Frischmachen und Stylen nach einem superstressigen Bürotag erschien uns wie das Vor-Vor-Spiel zur nächsten Ekstase in den Sexhimmel. Wir diskutierten nackt im Bett über Gott und die Welt und küssten unliebsame Gegenargumente einfach weg. Und wenn uns dann das Benzin mitten im Tunnel ausging, sahen wir das als Riesen-Spaß, weil die Welt um uns herum ein einziger Spielplatz war und wir »Bonny and Clyde«. Wir waren die Stars, die Königskinder, die Menschen um uns herum waren nur Statisten. Wir waren die menschgewordene Liebe!

Wo ist sie geblieben: diese Lust, die Begeisterung für den Partner, die Ekstase?

Die gute Nachricht: Alles, was einmal Feuer gefangen hat, kann wieder entfacht werden, solange man das Feuer nicht durch endlose Querelen ausgelöscht hat. Wir Frauen denken, dass unser Partner uns nicht mehr begehrt, weil wir für ihn nun weniger attraktiv sind. An diese Theorie habe ich noch nie geglaubt. Es ist nicht unser Äußeres, was die Libido killt, es sind verbale Schlammschlachten, mangelnder Respekt und emotionale Kälte. Was können Sie tun? Es gibt viele Möglichkeiten, sich wieder näher zu kommen, werden Sie kreativ! Eine Paartherapie könnte helfen. Falls Sie nicht reden möchten und schon gar nicht Dritte in ihre Beziehung einbinden wollen, versuchen Sie sich an den Zauber des Anfangs zu erinnern.

Was war an ihrem Partner so liebenswert?
Was liebte er besonders an Ihnen?
Was ist Ihr ganz persönlicher »Liebes-Finger-Abdruck«, wer sind Sie als Paar?

Solange Sie sich gegenseitig nicht gleichgültig sind, kann Ihre Liebe wieder aufblühen. Nichts fasziniert uns mehr als ein Mensch, der lebendig ist und Freude ausstrahlt. Das sind genau die Attribute, die Liebende nach außen zeigen. Wenn wir jedoch in einer unglücklichen Beziehung feststecken und nur aus Bequemlichkeit weitermachen, anstatt uns der Wirklichkeit zu stellen, wird unser Körper den ersten Schritt tun und den Sex verweigern.

Am Anfang, wenn die Liebe noch frisch ist und der andere geheimnisvoll und unerforscht scheint unser Verlangen nach ihm grenzenlos zu sein. Dann, wenn der Alltag uns wieder fest im Griff hat, mit all seiner Monotonie und dem Beziehungsstress, zieht unsere Libido langsam, aber sicher den Schwanz ein. Eine Ausnahme ist vielleicht die Eifersucht, sie kann aus Angst, den Partner verlieren zu können, die Lust kurzzeitig wiederbeleben. Aber wer hält so was schon auf Dauer aus?

Wie konnte es soweit kommen, dass unser Partner nicht mehr mit uns schlafen will? Was haben wir getan oder nicht getan? Unsere Identität als Liebespartner hängt zum Teil davon ab, wie uns unser Partner wahrnimmt. Wenn wir uns von unserem Partner verletzt fühlen und das können objektiv gesehen Kinkerlitzchen sein, wollen wir uns schützen. Es gelingt uns nicht darüber zu sprechen, weil wir hier *(also zum Sexuellen)* keinen Zusammenhang sehen. Wir merken nur, dass uns nicht nach Sex zumute ist. Die Folge ist, dass wir uns schämen, weil wir uns an anderen messen. An Menschen, die wir nicht einmal kennen. Wir sehen nur *einen* Ausweg aus dieser Situation: eine neue Liebe. Wir träumen uns den Ärger mit idealisierten Traummännern oder Traumfrauen weg. Wir suchen das Glück in einer neuen Liebesbeziehung, um vielleicht irgendwann wieder am selben Punkt zu stehen.

Versuchen Sie Ruhe in Ihre Beziehung zu bringen.

Der Mensch ist kein logisches Wesen, sondern ein Geschöpf voller Gefühle, Vorurteile, Stolz und Eitelkeit. Anstatt sich gegenseitig zu verurteilen, versuchen Sie zu verstehen, *warum* Ihr Partner dieses und jenes getan oder nicht getan hat. Dadurch schaffen Sie sich eine Atmosphäre der Nachsicht und Güte. Ich weiß, dass das schwer ist. Es scheint sehr viel leichter zu sein, das gewohnte Verhalten aufrecht zu erhalten, als etwas Neues auszuprobieren. Fragen Sie sich gegenseitig, was Ihnen das Gefühl von Bedeutung gibt. Wenn Sie sich durch gute Gespräche wieder etwas näher gekommen sind, versuchen Sie, Ihrem Partner zu zeigen, *wer* Sie wirklich sind. *Was* Sie ausmacht. *Wovon* Sie träumen.

Es muss aber auch Tage geben, wo Sie Ihrem Partner das sagen, was Sie schon lange bedrückt. Stehen Sie zu sich selbst und finden Sie heraus, was Sie wirklich in einer Beziehung brauchen. Sagen Sie Ihrem Partner, was Sie stört. Ziehen Sie Bilanz. Es muss in einer Beziehung möglich sein, sich alles zu sagen. Angstfrei und aufrichtig. Wenn nötig, trennen Sie sich für eine Weile. Es ist doch so, dass wir nur aus der Distanz heraus erkennen können, was der andere für uns wirklich bedeutet. Finden Sie wieder zurück zu Ihrer ureigenen Freude. Finden Sie zurück zu Ihrer Lebens-Lust. Wenn Sie sich freuen können, wird Ihr Partner es auch tun. Es geht nicht darum, dem Partner künstlich gute Laune vorzugaukeln. Das Unechte würde das Gegenteil bewirken.

Aber wenn wir lächeln, passiert in Wirklichkeit das große Wunder in uns selbst, denn wenn wir andere anlächeln, lächeln wir uns gleichzeitig selbst zu.

BIS DASS DIE LIEBE
UNS SCHEIDET

Es gibt da diese stille Übereinkunft zwischen Paaren, Konflikte nicht anzusprechen. Gründe dafür gibt es viele: die Kinder, das Geld, die Angst vor dem Alleinsein oder Krankheiten. Wie kommt es dazu, dass zwei Menschen, die aus Liebe geheiratet haben, eines Tages aufwachen und sich mit Trennungsgedanken herum plagen? *(Es ist wie mit dem dicker werden. Die Pfunde und die Beziehungsprobleme schleichen sich auf leisen Pfoten daher.)* Verletzungen schaffen Distanz, Distanz tötet Lust. Es ist nicht so, dass ein Paar ihre Liebe einfach so dahin schmeißt.

Einer kämpft immer mehr.
Einer leidet immer mehr.
Einer liebt immer mehr.

Wenn irgendwann eine dritte Person in die Beziehung eingeschleust wird, ist das Drama perfekt! Trotzdem wird weiter geheiratet. Weil wir an die Liebe glauben. Glauben wollen und so wie es aussieht, glauben müssen. Hochzeitssendungen haben Hochkonjunktur und der Trend, die Jungfräulichkeit für den einen aufzuheben, ist eines der vielen Strategien, wenn auch meist religiös begründet, die Ehe zu retten. Auf der anderen Seite machen Frauen »Strip-Kurse« und setzen wie immer auf die Schönheitschirurgie. Männer hingegen üben sich in der Kochkunst und dem

Trend, androgyn-muskulös zu wirken. Tja, so was gefällt uns Frauen! Ein süßer, nicht zu maskulin wirkender Mann: pflegeleicht und Hand zahm. Eine Garantie für eine bessere Ehe bieten jedoch weder Luderqualitäten noch ein Sixpack.

Okay, was soll man denn nun machen, damit es nicht so weit kommt? Reden. Reden. Reden. Ich weiß, das nervt, wenn man immer nur hören muss, dass das Reden in einer Beziehung unentbehrlich sei. *(Das Gute am Reden ist, dass man neue Wege sichtbar machen kann. Plötzlich kann man wählen!)* Es gibt Paare, die sich bereits nach zwei Jahren nichts mehr zu sagen haben, andere schaffen es auch nach Jahrzehnten ihre Bedürfnisse mitzuteilen und Konflikte offen und ehrlich anzusprechen.

Wir sind keine siebzehn mehr, wo wir eine Beziehung zwischen zwei Unterrichtsstunden beenden können.

Ehekonflikte sind sehr belastend, besonders dann, wenn wir Kinder haben. Wir stecken fest. Vorwürfe, Schuldzuweisungen und verbale Ohrfeigen bestimmen unseren Alltag. Ein Teufelskreis. Wir scheinen eine idealisierte Vorstellung davon zu haben, wie unsere Beziehung zu sein hat, Abweichungen können wir nicht ertragen. Dabei heißt es doch: »It Takes Two To Tango«. Wo liegt nun unser Anteil an den Konflikten? Manchmal hilft es, wenn wir uns für eine Weile trennen. Vielleicht wird uns dann klar, *wie sehr* wir unseren Partner lieben. Kurzzeitige Trennungen können aber auch dazu führen, dass man feststellen muss, den Partner nicht mehr oder nicht mehr genug zu lieben. Anstatt uns mit heimlichen Trennungsgedanken herumzuquälen, könnten wir uns überlegen, ob es nicht sinnvoll wäre, eine Paartherapie zu machen. Scheidungen selbst im hohen Alter sprechen eine deutliche Sprache. Ich bewundere ältere Menschen, die den Mut haben, eine tote Liebe zu begraben, aber auch die, die an ihrer Liebe festgehalten haben und stolz auf sich und ihre Partnerschaft sind. Nicht weil sie »durchgehalten« haben, sondern weil ihre Liebe groß genug war, um Entfremdung und Hass von sich fernzuhalten. Es ist verdammt schwer, eine Beziehung zu führen. Für uns alle. In jedem Alter. Und wir wehren uns dagegen, Beziehungsarbeit leisten zu müssen. Ist das nicht allzu verständlich? Die Liebe sollte doch etwas Leichtes sein und keine Arbeit! Wir denken mit Wehmut an *die Zeit*, als alles begann, als das gemeinsame Kochen von Fertignudeln zum sinnlichen Ereignis wurde und man seinen Kimono nur für Sekunden öffnen musste, um seinen Liebsten scharfzumachen. Diese unschuldige Zeit, wo es beide wirklich ernst meinten; sich liebten und begehrten und nie und niemals an eine Trennung dachten. Warum gelingt es uns nicht, einen Teil davon in das »danach« zu retten? Nach drei, neun oder zwölf Monaten, wenn wir wieder am Boden der Realität andocken, genau da entfernen wir uns allmählich voneinander. An sich nicht schlimm! Die Honey-Moon-Phase kann nicht ewig dauern. Jeder starken Annäherung folgt Distanz.

Wir wissen, dass es nun auf uns als Paar ankommt.
Einer alleine kann sein Bestes geben, aber wenn der andere nicht will, wird die Beziehung scheitern.

Wir Frauen mit unseren überhöhten Erwartungen, unserer Sucht nach Liebesbekundungen und Beweisen seiner Treue bei gleichzeitigem Misstrauen gegenüber seinen lieb gemeinten Äußerungen, führen uns und unseren Partner in eine Sackgasse. Anfangs bemüht er sich noch. Stellt Dinge klar. Erklärt. Liebt. Wir glauben ihm nicht. Hören nicht zu. Machen weiter! Machen weiter, so wie es unsere Mütter getan haben und vergiften langsam aber sicher unsere Beziehung. Die Männer machen das, was ihre Väter getan haben, sie weichen aus, lügen, verstummen. Es wäre unfair, Männern per se Näheprobleme zu attestieren; es kann genauso gut umgekehrt laufen, nämlich, dass eine Frau sich bedrängt fühlt und das Weite sucht.

Wenn ich an Paare denke, sehe ich neben Freude auch Enttäuschung und Leid. Oft sind es die kleinen Dinge, die sich im Laufe der Zeit zu unüberbrückbaren Problemen aufgebläht haben. Meist steckt ein Vertrauensbruch dahinter. Ohne Vertrauen läuft nichts wirklich rund, wie wir alle wissen. Vielleicht finden Sie jemanden, der Ihnen helfen kann, Ihre Gedanken und Gefühle zu erforschen, einen tieferen Sinn für Ihre Ziele aufzudecken und Mitgefühl für Ihren Partner zu entwickeln. Oft ist es so, dass Paare erleichtert sind, wenn sie aufhören, den Partner ändern zu wollen und lernen, ihm endlich wieder zuzuhören. Da wäre noch die Sache mit den Freiheitsfantasien: Viele Paare leiden unter ihrer Ambivalenz, den Partner noch zu lieben und dem gleichzeitigen Wunsch, ihn verlassen zu wollen.

In früheren Kulturen war die Großfamilie dafür zuständig, Streit zu schlichten und zu vermitteln. Da steckt mehr dahinter als nur ein Gemeinschaftssinn. Häufig sind Paare mit ihrer Elternschaft und Paarbeziehung völlig überfordert. Ganz zu schweigen von Existenzängsten, die in Familien fast immer mitschwingen. Man neigt dazu, Probleme unter den Teppich zu kehren und geht erst dann zum Therapeuten oder Paarberater, wenn man nur noch von der Frage beherrscht wird, ob man gehen oder bleiben soll. Ich glaube, es ist nie zu spät, professionelle Hilfe anzunehmen. Selbst wenn Sie Ihre

Ehe nicht retten können, können Sie zumindest zu einem gesunden Verständnis kommen, was mit Ihnen und Ihrer Beziehung passiert ist.

DER WUNSCH NACH
ECHTER INTIMITÄT

Zeichnen sich gute Partnerschaften dadurch aus, dass Paare gut miteinander reden können und sich gegenseitig alles erzählen? Jedes noch so kleine Geheimnis? Was ist aber, wenn es einem bei dem Gedanken an Seelenstriptease schlecht wird? Wenn Ihr Partner sagt, er könne Ihnen nicht alles sagen, er brauche einen gewissen Raum, zu dem nur er Zutritt hat?

Hannah und Peter sind so ein Paar.

»Wenn ich mit einem Mann zusammen bin, möchte ich, dass dieser Mensch mir näher steht als jeder andere sonst!«, sagte Hannah und platzte in meine Gedanken.

»Süße, kann ich dich zurückrufen?«, fragte ich. »Ich muss zu einem Patienten. Ich meld mich in ner Stunde bei dir. Okay?«

Eine Stunde und zehn Minuten später.

»So, jetzt hab ich Mittagspause«, sagte ich und ließ mich in eines der erstaunlich bequemen Besucherstühle unserer Klinik gleiten. »Erzähl, was ist los?«

»Ich weiß nicht, wie ich es sagen soll. Hast du auch wirklich Zeit Ayşe? «

»Hab ich … komm schon, raus damit!«

»Okay … also ich möchte, dass die Person, die ich liebe, in einer *sehr* tiefen Art und Weise verstehen wird, *wer* ich bin und *was* mich ausmacht.«

»Es geht um Peter, richtig?«

»Ja. Hey, er interessiert sich überhaupt nicht für mich, auch nicht für meine Vergangenheit. Das ist doch nicht normal!«

»Du meinst, er stellt dir keine Fragen?«

»K e i n e einzige verdammte Frage! Ich möchte ihm meine Geheimnisse anvertrauen, gleichzeitig hab ich angst, dass, wenn er alles von mir weiß, mich vielleicht nicht mehr lieben, nicht mehr respektieren wird.«

»Das geht uns doch allen so, Süße!«

»Ja schon, aber Peter ist mega verschlossen. Warum ist er nur so?« Hannah seufzte wie eine griechische Witwe.

»Vielleicht hat er nie gelernt, über sich zu erzählen. Oder er glaubt, er überschreitet eine Grenze, wenn er dich nach Sachen fragt, die du nicht *freiwillig* erzählen möchtest? Vielleicht will er dir einfach nur Zeit lassen.«

»Zeit lassen …«, wiederholte Hannah.

Dann schwiegen wir eine gefühlte Ewigkeit. So was ging nur mit ihr. Niemand sonst hätte es ausgehalten, während eines Telefonats minutenlang zu schweigen.

»Ich brauche einen Mann«, begann Hannah. »… der … der keine Angst vor Nähe hat.«

»Hm«, machte ich.

»Wie is'n das bei dir?«

Diesmal schnaufte *ich* wie eine griechische Witwe. »Ich glaub, dass man sich völlig *frei* fühlt, wenn man jemanden gefunden hat, bei dem man so sein kann, wie man ist. Und ich glaube, dass dieser jemand den Schlüssel zu unserem wirklichen Selbst hat.«

»Das klingt schön«, sagte Hannah und ich sah sie vor mir, wie sie leise vor sich hin lächelte. »Also widersprechen sich Liebe und Freiheit nicht wirklich.«

Wir schwiegen wieder kurz, dann fragte ich: »Was stört dich am meisten an ihm Hannah?«

»Dass er nicht wissen will, was ich über dies oder jenes denke. Was ich erlebt habe. Warum ich so bin, wie ich bin ...«

»Vielleicht will er seine Unabhängigkeit bewahren. Er möchte deshalb nicht so in die Tiefe gehen, weil er von sich selbst auch nur wenig preisgeben will.«

»Du meinst, er hat genauso angst wie ich ...?«

»Ja.«

Wir hingen wieder unseren Gedanken nach. Sie dachte vermutlich an Peter und wie sie ihn dazu bewegen könnte, etwas mehr aus sich herauszugehen und ich dachte an Rudolf, der mir bei unserem ersten Date so ziemlich alle pikanten und teilweise verstörenden Details aus seinem Leben berichtet hatte. Wohl gefühlt hatte ich mich dabei nicht.

»Hannah?«, begann ich.

»Ja?«

»Was fühlst du, wenn du an Peter denkst?«

»Ich komme mir mega unwichtig vor. Das mit uns ist doch keine Liebe!« An dieser Stelle brach Hannah unser Telefonat ab, weil ihre kleine Tochter im Hintergrund irgendetwas angestellt hatte.

Einige Wochen später erhielt ich eine E-Mail von Hannah.

Sie habe sich vor Kurzem von Peter getrennt. »Das Verrückte daran ist ...«, schrieb sie mir. »Dass es überhaupt nicht wehgetan hat. Im Grunde genommen hatte er nie mein Herz erreicht.«

Nachdem ich Hannahs Mail gelesen hatte, überlegte ich mir, wie *ich* gehandelt hätte. Vielleicht erwartete Peter ja, dass Hannah an ihn glaubte, ihm vertraute und ihn so nahm, wie er ist: schweigsam, abwartend und ein wenig geheimnisvoll. Möglicherweise ist es eine Frage der Zeit, sich als *der* Mensch zu zeigen, der man ist. Vielleicht schlummerten all die Fragen, die Peter Hannah stellen wollte, in seinem Herzen und warteten nur auf den richtigen Zeitpunkt. Auf einen Moment, der in der Zukunft lag und nichts zu tun hatte mit der Tiefe seiner Gefühle für sie.

Nun aber waren sie getrennt, wie Millionen andere Paare auch, die vielleicht zu schnell aufgegeben hatten. Wer weiß?

ZU LANGE ALLEINE?

Als Marilyn Monroe am Tiefpunkt ihres Lebens angelangt war, genügte nur *ein* Anruf und ihr Ex-Mann Joe DiMaggio war sofort zur Stelle. Joe entriss sie aus den Klauen einer psychiatrischen Klinik und fuhr mit ihr an einen sicheren Ort. Aus Marilyn und Joe wurde wieder ein Paar. Sie hatten sich zuvor fünf Jahre nicht gesehen …

Haben auch Sie schon einmal daran gedacht, wie schön es wäre, wenn Sie und Ihr Ex-Partner wieder zusammen wären? Gehören Sie und Ihr Ex-Partner zu den Menschen, die es schaffen konnten, auch nach dem Beziehungsaus, den Kontakt fair und kameradschaftlich aufrecht zu erhalten? Im Umkehrschluss: Was ist das, was manche Menschen dazu treibt, vom liebenden Partner zum eiskalten Monster zu werden, der nie wieder ein Wort mit uns wechseln will, ganz gleich, wie sanft oder wild unsere Beziehung einmal gewesen war? Dann gibt es die Joe DiMaggios, die nie aufhören können, einen Menschen zu lieben. Sie sind einfach da, weil sie wissen, dass aus Liebe Freundschaft und aus Freundschaft Liebe werden kann. Als Joe Marilyn heiratete, war es ihm scheinbar nicht klar, was es bedeutet, mit einem Sex-Symbol zusammen zu sein. Er konnte es nicht glauben, dass seine bildschöne Frau die gemeinsamen Flitterwochen unterbrach, um vor Tausenden von Soldaten zu singen. Marilyn soll gesagt haben, dass das ihr schönster Auftritt gewesen sei. Sie, in einem hauchdünnen Kleidchen frierend, strahlte mit den

Soldaten um die Wette. Sie hatte diesen Männern für einige Minuten Freude geschenkt, sie an das erinnert, was sie möglicherweise am meisten vermissten – eine Frau an ihrer Seite. Ich glaube nicht, dass diese Männer Marilyn als seelenloses Sexobjekt gesehen haben. Ich glaube, dass sie durch sie wieder daran erinnert wurden, was sie waren: Liebende Männer.

Ich habe neulich meine Freundin Judith gefragt, wie sie sich seit der Trennung von ihrem Mann fühle, der sie vor acht Jahren wegen einer Jüngeren verließ. Sie sagte, sie sehne sich *so* sehr nach Berührungen, dass sie manchmal daran denke, eine Kuschelparty aufzusuchen. Judith ist *(eigentlich)* keine Frau, die Schwäche zeigt. Sie mag keine Haustiere, belächelt romantische Anwandlungen und kann dumme Menschen nicht ausstehen.

Als sie mich einmal besuchen kam, habe ich mich von ihrem Tier-Ekel nicht sonderlich beeindrucken lassen und den Tee wie immer im Wohnzimmer serviert. Ganz nach britischer Art mit kleinen Häppchen auf einer Etagere. Mein kleines Katzenmädchen Sadie *(die ich neuerdings auch Mohnkuchen nenne, weil sie schwarz-weiß ist)* ließ sich von Judiths angeekelten Blicken und Ausweichmanövern herzlich wenig beeindrucken, sprang auf ihren Schoß und schnurrte wie ein Dieselmotor.

»Bitte nimm sie weg!«, rief Judith. Sie hatte Angst vor der kleinen Sadie, die erst drei Monate alt war. Aber Angst ist Angst! Also setzte ich das kleine Fellbündel wieder zurück auf den Boden. Doch Sadie hüpfte immer wieder zurück auf Judiths Schoß.

»Wenn du willst, besuche *ich* dich das nächste Mal«, schlug ich vor. »Da sind dann keine Katzen!«

»Ja«, sagte Judith erleichtert und verzog das Gesicht, weil Sadie an ihrer Hand leckte.

Einige Wochen später trafen wir uns in ihrer Wohnung. Wie immer war alles blitzblank und sämtliche Gegenstände waren so gut verstaut, dass Judith sie mit nur einem Handgriff aus irgendeiner Schachtel oder Schublade hätte heraus zaubern können. Vorsichtig nahm ich auf dem Sofa neben einer rothaarigen Porzellanpuppe Platz.

Judith wurde etwas rot. »Ich sammle Puppen«, sagte sie und griff mit einer solchen Sanftheit nach der Puppe, dass ich nun verstand, was sie mit Sehnsucht nach körperlicher Nähe meinte. Die Puppe trug einen grauen Samtmantel mit Pelzkragen, die Händchen steckten in einem schwarzglänzenden Fellmuff. »Das hier ist Dotty«, sagte Judith zärtlich lächelnd. »Ist sie nicht süß mit ihrem Rotschopf? Die sind aus Echthaar, weißt du?«

Ich nickte. »Kommt Dotty von Dorothea?«, fragte ich.

Judiths Augen glänzten. »Ja! Sie heißt Dorothea.« Judith setzte Dotty auf eine Kommode, die neben dem Klavier stand, strich mit beiden Händen das Haar der Puppe glatt, gab ihr einen Kuss auf den Kopf und setzte sich wieder zurück auf ihren Sessel. Judith saß einfach nur da und betrachtete ihre Kaffeetasse. Gelegentlich seufzte sie, zog beide Schultern hoch und lächelte mich freundlich an. »Weißt du«, sagte sie und zeichnete die Rosen, die sich auf dem Porzellan befanden, mit ihren Fingern nach. »Ich kann mir nicht vorstellen, dass ein Mann das mit meinen Lieblingen jemals verstehen würde. Ich besitze insgesamt dreißig Puppen!« Judith machte ein trauriges Gesicht.

Ich stand auf, setzte mich neben sie aufs Sofa und umfasste mit beiden Händen ihre Hand. »Wenn er dich liebt, wird er damit leben müssen, Judith. Außerdem lernst du ja vielleicht mal jemanden kennen, der *auch* gerne leidenschaftlich etwas sammelt«, sagte ich und sah sie freundlich an.

»Meinst du?«

»Aber ja!«

Wir schwiegen kurz.

»Sag mal«, fragte ich vorsichtig. »Wie lange bist du eigentlich schon Single, Judith?«

»Acht Jahre.«

»Seit dein Mann ...?«

Judith nickte. »Weißt du, manchmal sehe ich einen Mann in der U-Bahn zum Beispiel, da genügt es schon, dass er eine besondere Lippenform hat oder Koteletten. Gott, wie ich Koteletten liebe ...«, schwärmte sie. »Ehrlich gesagt, schaue ich manchmal sogar auf sein Dingelchen«, gestand Judith mit vorgehaltener Hand. Wir kicherten wie Schulmädchen, die einen unanständigen Witz erzählt hatten. »Was ich sagen will«, Judith holte tief Luft, bevor sie weitersprach. »Es ist diese berühmte männliche Duftwolke. Verstehst du?«

Ich nickte. »Dir fehlt nicht nur der Sex, sondern das Drumherum.«

»Ja, das Drumherum ... «, sagte Judith und spielte mit ihrem Ehering. Sie hatte ihn trotz der Scheidung nicht abgenommen. »Die männliche Stimme, Hände, die meinen Rücken einseifen, das gemeinsame Einkaufen.« Judith lachte auf. »Selbst das Streiten vermisse ich.«

»Ja«, sagte ich und seufzte leise vor mich hin. Schließlich war auch ich Single! »Und? Lernst du jemanden kennen?«, fragte ich sie.

»Ich lerne schon Männer kennen, aber irgendwie sind die alle blöd!«

»Hm.«

»Ja, wenn Einer sich nicht richtig ausdrücken kann zum Beispiel ... Das geht doch gar nicht!« Judith sah mich an. »Findest du, dass ich zu streng bin?«

»Ich glaube, dass wir alle etwas zu streng sind, wenn es um die Partnersuche geht«, sagte ich und dachte, dass Judith keine Ausnahme darstellte! Sind unsere Ansprüche deshalb so groß, weil wir denken, wir selbst seien der Burner? Sind wir so unflexibel, weil wir uns insgeheim für unfehlbar halten? In jüngeren Jahren fiel es uns nicht schwer, Beziehungen zu knüpfen. Wir waren wie Schmetterlinge, die von Blüte zu Blüte hüpften. Es fiel uns leicht, etwas anzufangen oder zu beenden. Aber selbst der größte Eremit wird irgendwann innerlich austrocknen, wenn er nicht lieben kann. Menschen brauchen Menschen. Ganz gleich, wie gut wir alleine zurechtkommen. Wenn also meine Freundin derart darunter litt, alleine zu sein, so müsste es doch Millionen von Männern genau so gehen.

Wo sind sie?
Wo sind diese Männer?

Um sich verlieben zu können, muss eine Grundsympathie füreinander da sein. Doch wie sollen wir einen Menschen mögen, wenn wir nicht in der Lage sind, seine positiven Seiten zu sehen? Es ist so, als würden wir eine Brille aufsetzen, die ihn im schlechtesten Licht erscheinen lässt, also das Gegenteil der rosaroten Brille. Oder eine Brille, die uns blind macht für das Schöne. »Blind-Date« eben!

Was können wir tun?

Wir könnten bei unserem nächsten Blind-Date die Dinge einfach laufen lassen. Machen Sie mal Folgendes: Gehen Sie ins Kino und setzen Sie sich in irgendeinen Film. Könnte es nicht sein, dass Sie sich so gut amüsierten, *weil* Sie im falschen Film saßen? So ganz ohne Vorbehalte? Was würde ein Filmkritiker tun? Er würde sich lustlos in seinen Kinosessel fletzen und Ratter-Ratter-Ratter eine Note nach der anderen vergeben. Schließlich sind wir dazu getrimmt, alles (!) zu bewerten. Am liebsten negativ. Ich glaube, wir sollten lernen, uns beim Kennenlernen Zeit zu lassen. Lassen Sie Ihr Date so sein, wie er ist. Sie wollen ja auch nicht gleich am ersten Abend als Nervensäge abgestempelt werden, nur weil Sie vor lauter Aufregung zu viel plapperten. Mal ehrlich, wie oft haben wir uns schon im anderen getäuscht. Wären wir sonst alleine? Einen schönen Abend mit einem netten Menschen zu verbringen, so wie damals, als wir Teenager waren, ohne Pro- und Kontralisten, das muss doch befreiend sein. Wenn es sein soll, wird man sich eh wieder treffen wollen. Oder auch nicht. Ihm, unserem Date geht es vielleicht ebenso: Auch er hat heimliche Checklisten parat. Vermutlich ist ihm das Äußere wichtig. Ja und? Wir werden die Männer nicht ändern können. Sie sind, wie sie sind! Sie quatschen zwar von schlank-hübsch-jung, am Ende verlieben sie sich doch in ganz normale Frauen.

Es geht im Leben wie immer um Gelassenheit. Menschen, die lachen können und nicht das letzte Wort haben müssen und andere so nehmen, wie sie sind, wirken auf uns unwiderstehlich.

Wenn sie uns anlächeln, lächeln wir zurück und stellen fest, dass alles ganz leicht sein kann.

Sogar die Liebe.

S I N G L E   F O R E V E R ?

Es ist wieder so weit! Sie haben sich nach dem letzten »Scheißkerl« ausgiebig die Wunden geleckt und fragen sich zum x-ten Mal, ob Sie Ihrem Herzen diesen ganzen Stress mit der Liebe weiterhin zumuten wollen. Selbst junge Leute zeigen nach einigen gescheiterten Beziehungen eine gewisse Apathie und ihr anfängliches Vertrauen in die Liebe weicht einem Zynismus, den wir Älteren schon längst als unvermeidliche Nebenwirkung einer *(viel zu)* langen Herz-Schmerz-Karriere akzeptiert haben.

Gut! Sie sind also wieder frei. Ihre Essstörung ist weg und Sie können wieder Ihren Song hören, ohne in einen Weinkrampf auszubrechen, und Ihre beste Freundin kann sich endlich wieder mit Ihnen über andere Dinge unterhalten, die nicht mit »Meinst du …?«, anfangen. Immerhin wechseln Sie sich ab: Mal ist sie die Heulsuse, mal sind Sie es. Sie beschließen, es diesmal langsam anzugehen. Keine Dauer-Telefonate, kein Sex nach dem zweiten Date und schon gar nicht Strip-Spiele über die Tastatur. Ihre Mutter rät Ihnen, einen Tanzkurs zu besuchen, Ihre Oma den Gang ins Kloster. Nein, das war ein Scherz!
Aber die Sache mit dem verfrühten Sex lässt Sie nicht mehr los. Sie haben irgendwo einmal gelesen, dass Männer um eine Frau kämpfen wollen. Sie sind lernwillig! Beim nächsten Mann wird alles anders! Sie werden sich

geheimnisvoll geben und nicht wie eine Irre jede seiner Regungen analysieren.

Schließlich wollen Sie nur eines: das Gelingen Ihrer Beziehung!
Doch was ist das dieses Gelingen einer Beziehung?
Und gelingt überhaupt eine Beziehung?

Wenn man genau hinschaut, sind die meisten Beziehungen längst ausgelutscht. Lassen Sie sich bloß nicht beim sonntäglichen Spaziergang von vermeintlich glücklichen Paaren täuschen. Die meisten Paare haben praktisch keinen Sex mehr. Kinder und das Geld halten viele zurück, Schluss zu machen. Wie ist es mit den Singles? Sind sie die Verlierer? Sind Singles egoistische Wesen, die sich per se nicht auf einen Partner festlegen wollen? Haben sie wirklich ständig Sex? Die Wahrheit ist, dass die meisten Singles *(abgesehen von einer mehr oder weniger kurzen Episode des Aufatmens)* sich bald wieder nach einem neuen Partner sehnen. Ich schätze, das liegt in unserer Natur.

Natürlich ist es schön, Single zu sein. Die Frage ist nur, wie lange. Es gab da diese besondere Zeit, wo ich Single und verdammt glücklich war. Ich bildete mir das nicht ein, ich war glücklich! Nach einer anstrengenden Arbeitswoche schmiss ich die Turnschuhe in eine Ecke und machte mich schön für die Disco. Ich tanzte mir den Arbeitsfrust von der Seele und fiel im Morgengrauen erschöpft und zufrieden in mein Single-Bett. Es war da dieses Gefühl von »Ich-reiche-mir!« Und die Marlboro, die ich zusammen mit meiner Freundin Beate draußen vor der Disco rauchte, schmeckte nach Freiheit und Abenteuer. Das Leben war eine immerwährende Party, unsere Droge, die Musik und unsere Nahrung die Suche nach Identität. Immer im Kreise unserer

Freunde. Wir waren wie kleine Katzen, die den ganzen Tag spielen wollten. Mutig. Offen. Lebenshungrig.

Vielleicht sollten wir Ladys es den Jungen nachmachen und trotz unserer Midlife-Trägheit wieder rausgehen. Menschen treffen, anstatt auf dem Sofa zu kauern und die Single-Portale nach vermeintlichen Partnern abzuklappern, die ebenfalls auf dem Sofa lagen und nicht von uns, sondern von »Süßen jungen Dingern« träumten. Das echte Leben spielt sich draußen ab, wie wir wissen. Es ist schwer, sich aufzuraffen und die Partnersuche »offline« zu gestalten, aber das Kennenlernen im wirklichen Leben ist möglich.

Vor vielen Jahren habe ich einen Mann angesprochen, den ich schon länger vom Sehen her kannte. Bald hatten wir unser erstes Date. Mit ihm und seiner achtjährigen Tochter, die bei ihrer Mutter lebte. Erst war er dagegen. Die Kinder sollte man da raushalten, meinte er. Mein Sohn und seine Tochter gingen in dieselbe Klasse, wozu also sich verkrampfen, dachte ich. Der Abend war ein voller Erfolg: Wir aßen, lachten, spielten Monopoly, Verstecken und Schokoladen-Wettessen (genau in dieser Reihenfolge) und zu später Stunde, als die Kinder kaum noch ihre Augen offenhalten konnten, hielten wir erschöpft, aber glücklich Händchen. Das war schön …

WIESO MELDET
ER SICH NICHT MEHR?

Wenn man von *dem* Mann, den man liebt, ignoriert wird, ist es völlig klar, dass man leidet. Viele Frauen finden dann Trost im Internet. Sie und ihre Leidensgenossinnen stellen sich die gleichen Fragen:

Wieso meldet er sich nicht mehr?
Was habe ich falsch gemacht?
Hat er eine andere?
Bin ich ihm nicht schön genug?

Getrieben vom Zorn auf ihn und die gesamte Männerwelt rennen Frauen zum Schönheitschirurgen, machen Powerdiäten oder exzessiven Sport, nur um für ihn noch attraktiver zu sein. Je verkrampfter eine Frau sich verhält, desto weniger attraktiv wird er sie finden. Er hatte sich doch in eine Frau verliebt, die witzig war und sich von niemandem einschüchtern ließ! Beziehungscoachs raten in diesem Fall zur Ruhe und Gelassenheit. Männer brauchten, so sagen sie, von Zeit zu Zeit einen Rückzug in ihre Höhlen, um dann mit neu entfachter Leidenschaft zu ihren Frauen zurückzukehren. Sie sagen, hinter einem unsicheren Mann müsse eine starke Frau stehen: Eine Frau, die ihm den Rückzug nicht übel nimmt und warten kann. Allerdings müsse er schon einmal Liebe und Augenblicke echter Nähe für sie empfunden haben!

Männer, so die Profis, entdeckten die Liebe in drei Phasen:

Phase 1: Eroberung *(scheinbar denken Männer, eine Frau, die leicht zu haben ist, sei nichts Wert),*

Phase 2: Rückzug *(Kälte, Gleichgültigkeit und Zweifel schleichen sich ein),*

Phase 3: Rückkehr *(Zweifel sind beseitigt).*

Okay, wenn das so ist, dass ein Mann Distanz braucht, weil er sich plötzlich nicht mehr sicher ist, wie es mit der Beziehung weiter gehen soll, kann ich das verstehen. Aber nur vom Kopf her. Das Herz macht da nicht mit. Ich wäre verängstigt, verunsichert und enttäuscht.

Okay, die Frage war ja, warum er seiner Partnerin (plötzlich) aus dem Weg geht, wo er doch anfangs ganz verrückt nach ihr war?

Für Männer ist die Zeit der Werbungsphase wohl die aufregendste. Für uns Frauen nicht unbedingt! Nach dem zehnten Mal wissen wir, dass er, wenn er einmal Feuer gefangen hat, nicht mehr zu bremsen ist. Er überschüttet uns mit Love-Messages, ist lieb und aufmerksam und seine Libido scheint keine Grenzen zu kennen. Wenn wir dann noch schwer zu kriegen sind, stachelt das seinen Jagdinstinkt erst recht an. Irgendwann geben wir nach und landen schließlich mit unserem neuen Traummann im Bett. Nun sind wir verloren. Point-of-no-Return! Unsere Bindungshormone laufen auf Hochtouren und da ist es völlig egal, ob wir sechzehn, dreißig oder hundertundeins sind. Wir werden weich und anschmiegsam und denken im Geheimen über eine gemeinsame Zukunft nach. Es ist nicht leicht zu begreifen, wenn *der* Mann, der noch gestern gesagt hat, dass er uns über alle Maßen liebt, uns plötzlich wie eine Fremde behandelt. Das ist dann der Moment, wo wir Frauen gerne auf einen fulminanten Anfang voller VAVAVOOM verzichten könnten. Gleichklang ist uns lieber als eine Mordsovertüre! »Seien Sie wie ein Schmetterling«, beschwören uns die Beziehungsgurus. »Leicht und unbekümmert.« Der Mann müsse das Gefühl haben, die Frau könne damit umgehen und um ihn zu entlasten, soll sie ihm glaubhaft vermitteln können, dass auch sie sich nicht ganz sicher sei, ob sie ihn wirklich wolle.

Was für ein Wahnsinn!

Als mein Ex-Freund mir die Luft zum Atmen nahm, brauchte auch ich eine Höhle. Wir waren megaschnell zusammengezogen und nach einer anfänglichen »Verrückt-aufeinander-Phase« öffnete ich unser Beziehungsfenster, um frische Luft hereinzulassen. Der supergesellige Typ von einst war plötzlich zum muffigen Couch-Potato mutiert. Die meiste Zeit verbrachte er auf dem Sofa oder lief mir ständig hinterher wie ein kleiner Hund. Unsere Beziehung endete damit, dass er irgendwann vom Sofa stieg und wieder um die Häuser zog. Während ich mir behaglich die Beine ausstreckte, hatte mein Liebster bereits eine neue Flamme aufgerissen. Nun war ich diejenige, die ihn zurückgewinnen musste. Ich klammerte und nahm nun ihm die Luft zum Atmen. »Mach doch wieder was alleine! Schreib, mach wieder Musik, geh fotografieren«, schlug er vor. »Hey, das ist doch nicht das Ende der Welt.«

Ich tat nichts von alledem. Ich steigerte mich in meine Ängstlichkeit hinein und analysierte jede seiner Regungen; ich war wieder auf das Stadium einer Dreijährigen zurückgefallen, so wie damals, als mein Vater nach Deutschland ging und uns in der Türkei zurückließ. Er wollte eine bessere Zukunft für uns alle ermöglichen. Ich verstand es nicht.

Für mich war es das Ende der Welt.

NICHT HINTER HER LAUFEN!

Haben Sie schon einmal eine Beziehungsliste angelegt? Links stehen die Männer beziehungsweise Frauen, von denen Sie verlassen wurden und rechts die, die *Sie* verlassen haben. Sie stellen erleichtert fest, dass es sich die Waage hält. Gut fürs Ego!

Was ist nun, wenn er Sie verlassen hat und sie ihn wiederhaben wollen?

Was machen Sie dann? Rennen Sie zum Hugendubel und kaufen sich Beziehungsratgeber wie etwa »Dreckskerle« oder »Nie wieder ein Arschloch zum Freund?« oder schreiben Sie ihm E-Mails, dass Sie ihm mit der Neuen alles Glück der Erde wünschen, weil nur eine wirklich liebende Frau die Größe besitzt, ihn gehen zu lassen, ohne ihm die Pest an den Hals zu wünschen? Oder gehören Sie zu den Frauen, die ihn überall schlecht machen, seine Liebesbriefe an die Konkurrentin schicken, ihn über Facebook und Co. stalken *(solange er sie nicht gesperrt hat)* und der Klassiker – ihm vor seinem Haus auflauern und von ihm sämtliche DVDs und Bücher zurückverlangen, die sie ihm einst geliehen hatten. Selbstverständlich sehen Sie dabei umwerfend aus!

Meine beste Freundin Beate wendet in solchen Fällen stets die Harakiri-Methode an.

Jeder, der einmal verlassen wurde, weiß, wie sich die Höllentage danach anfühlen. Anstatt im Stillen ihre Wunden zu lecken, wie ich es tue, wirft sich Beate dem Ex so oft vor die Füße, bis sie schließlich kapiert, dass er sie *wirklich* nicht mehr will. Von all den Zurückweisungen emotional nieder gemetzelt, kommt sie dann zu mir, ihrer besten Freundin, damit ich Erste Hilfe leisten kann. Und sie fährt gut damit. Das heißt, sie fuhr gut damit. Schließlich ist sie ja seit zehn Jahren verheiratet und hat seitdem kein Liebeskummer mehr. Oder doch? Nein, das wäre jetzt ein anderes Thema.

Also, was ist nun besser? Heimlich leiden oder sich ans Messer liefern?

Ich habe eine andere Freundin, die Sandy, die nach dem Beziehungsaus immer als Siegerin herausgehen muss. *Sie schwört auf Rache.* Sie sagt, dass die meisten Männer sich nach einem Vierteljahr sowieso wieder bei ihr melden würden, um zu fragen, wie es ihr denn so gehe. Das sei der Zeitpunkt, um zu sagen: »Ach, du bist's? Weißt du, ich habe es eilig, mein Freund holt mich gleich ab und ich muss mich noch schön machen. Ich ruf dich an.« Es muss wohl nicht erwähnt werden, dass meine Freundin die Typen nie zurückruft …

Wenn Sandys Ex sie dann eines Tages doch *wieder* anruft, erwähnt sie beiläufig, dass sie den besten Sex nur mit ihm gehabt habe *(manchmal schmücke sie das Ganze aus und sage ihm, dass er wirklich den allerschönsten Penis der Welt habe)*. Was dann folgt? Er wird sein vermeintliches Sex-Talent wieder unter Beweis stellen wollen. Mann-oh-Mann!

Und dann? Wie könnte es weitergehen?

1. Sie ist so angewidert von seiner unreflektierten und körperbetonten Art, dass sie ihn gleich abschießt.

2. Sie trifft sich mit ihm, um zu sehen, ob sie ihn überhaupt noch will. Idealerweise ist er ihr gegenüber so offen, dass beide nun Gelegenheit haben, die Beziehung ein Stück weit aufzuarbeiten *(mit oder ohne Sex!)*.

3. Sie trifft sich mit ihm und die beiden machen da weiter, wo sie zuletzt gestanden hatten. Mit anderen Worten: Sie kehren ihre Probleme unter den Teppich und vertrauen auf den Zauber des Neuanfangs.

Ich glaube, sich beim Ex zu rächen, ist keine gute Idee. *(Das sage ich jetzt als Sechzigjährige. Mit zwanzig hätte ich nicht so gelassen reagiert.)* Der Abnabelungsprozess wird nur unnötig verlängert. Versuchen Sie stattdessen mit der Beziehung abzuschließen und Ihr eigenes Glück zurückzuerlangen. Jeder hat da andere Methoden: Arbeit, Freunde, Tagebuchschreiben, ein neues Tattoo.

Ganz gleich, wie ätzend oder süß Ihr Ex auch war, er hat Spuren hinterlassen; denn irgendwann hatten Sie sich genau für diesen Mann entschieden. Und er sich für Sie.

Wir alle treffen Entscheidungen, die sich im Nachhinein als schlecht erweisen, aber es waren unsere Entscheidungen. Stehen wir dazu!

DIE LIEBE HÄLT
NICHT ALLES AUS!

Ist es nicht traurig, dass wir wertvolle »Liebeszeit« damit vergeuden, den Partner verändern zu wollen? Wir erwarten von ihm, dass er auf die gleiche Art liebt und handelt wie wir? Die Beziehung läuft eigentlich ganz gut: Wir fühlen uns geliebt und begehrt, alles scheint perfekt zu sein. Selbst unser Geruchssinn treibt mit uns Schabernack: Wir riechen nur noch unseren Liebsten gerne. Alle anderen sind Statisten in *unserem* Liebesfilm. Wir wiegen uns in Sicherheit und glauben, dass unser Partner genau so denkt und fühlt wie wir selbst. Und wenn wir ihm in die Augen schauen, sehen wir mit Verzücken uns selbst.

Achtung! Unser Partner findet nicht alles toll an uns!
Er träumt nicht unseren Traum.

Hätten wir uns in diesen einen Menschen verlieben können, wenn er uns gesagt hätte, dass er sich insgeheim für uns schämt, weil wir im Restaurant ständig am Essen nörgeln oder seiner Mutter nicht gefallen haben? Die Wahrheit ist, dass unser Partner bestenfalls »fehlsichtig« für unsere vermeintlichen Fehler ist, aber nicht blind. Die Zeit nach dem Happy End kann erbarmungslos sein. Man kann nicht ewig fliegen und der Fall vom siebten Himmel kann ganz schön wehtun. Dinge, die uns anfänglich am Partner fasziniert haben, nerven uns plötzlich. Die ersten Streitereien schleichen sich ein. Nicht weiter schlimm denken wir, er liebt uns ja, also wird die Liebe schon alles richten. Wir trampeln auf der Beziehung herum, nehmen wenig Rücksicht. Und es funktioniert. Der Partner scheint nicht genug von uns zu kriegen. Er verzeiht, aber er vergisst nicht. Viele Menschen sagen, sie hätten die Tiefe ihrer Liebe zum Partner erst dann spüren können, nachdem er gegangen war. Manchmal kommt diese Erkenntnis erst Jahre später. Die wahre Schönheit der Berge kann man auch nur aus der Distanz genießen.

Gönnen Sie sich und ihrem Partner Ausflüge zu sich selbst.

Dazu muss man sich nicht räumlich trennen. Als Single haben wir gerne Streifzüge mit unserer Kamera durch die Innenstadt gemacht oder haben am Wochenende unser Schlafzimmer neu gestaltet. Jetzt, wo wir einen Partner haben, muss er immer mit. Wer trennt sich schon gerne von seinem Liebsten, wenn das Bett noch warm ist? Vielleicht denken Sie aber auch: Man kann sich doch nicht mit Distanzierungsgedanken herumschlagen, wenn es noch keine echte Distanz gibt. Warum also schlafende Hunde wecken, wenn die Probleme kommen, kommen sie schon früh genug? Das sind kluge Einwände, doch warum fühlen wir uns dann immer ausgezehrter, je mehr Liebe wir verlieren? Wir wollten uns doch endlich mal fallen lassen und im Schutz der Beziehung über uns hinauswachsen können. In Wahrheit haben wir Angst davor, uns dem Partner völlig hinzugeben. Wir werden die Liebe in all seinen Facetten nicht spüren können, wenn wir uns aus Sorge vor Verletzungen einigeln. Ich glaube, nur wenige Menschen wollen ihren Partner wirklich verletzen und wenn wir uns verletzt fühlen, so hat das sehr viel mit uns selbst zu tun. Misstrauen wir anderen, dann leben wir in ständiger Angst, betrogen und hintergangen zu werden.

Lernen Sie zu vertrauen.

Es wird nicht leicht sein und sehr viel Mut erfordern, aber wenn Sie es allmählich wagen, werden Sie harmonischere Beziehungen führen können. Nicht nur mit Ihrem Partner.

WARUM KANN ER NICHT ZÄRTLICH SEIN?

Wenn ich in Liebesdingen nicht mehr weiter weiß, rufe ich meinen ganz speziellen Freund Chris an. Ich kenne Chris seit meiner frühesten Jugend und Chris hat wirklich alles erlebt, was ein Mann mit Frauen erleben kann *(glaube ich zumindest)*. Als Student hat er viele Jahre im legendären P1 *(Nobel- und Prominentendiskothek mit damals besonders aufgeblasenen Türstehern)* als Barkeeper gearbeitet und verdiente als Model gutes Geld.

»Hi Chris«, sage ich. »Ich bins Ayşe. Stör ich?«

»Nö, passt.« Chris gähnt. »Na, was ist los?«

»Oh! Soll ich …?«

Chris unterbricht mich: »Was gibts Ayşe?«

»Also … ähm, es ist so … Du weißt ja, ich schreib da diesen Blog«, sage ich gestelzt.

Chris lacht. »Ja?«

»Ich möchte einen Artikel zum Thema Zärtlichkeit schreiben.«

»Zärtlichkeit«, wiederholt Chris. Ich kann ihn nicht sehen, aber ich weiß, dass er grade schmunzelt.

»Na, ja … viele Frauen leiden darunter, weil ihre Männer nicht zärtlich sein können. Kennst du das?«

»Klar!«

»Oh.«

»Oh?«

»Ehrlich gesagt, hätte ich nicht gedacht, dass ausgerechnet *du* mit Zärtlichkeit …«

Chris wird plötzlich ganz ernst. Er schnauft tief durch, dann sagt er: »Ich war doch mal mit Irena zusammen … Du weißt doch noch, wer Irena ist?«

»Ja klar! Hey! Wer könnte Irena vergessen!« Irena war mit Abstand die schönste Frau, die ich je gesehen habe. »Du hast sie sehr geliebt, nicht?«

»Sehr ist ein zu schwaches Wort dafür.«

Ich schlucke. Chris ist ein Traummann. Mein Traummann. Aber das ist bis heute *mein* Geheimnis geblieben.

»Ayşe, bist du noch da?«

»Ja! Red weiter …«, höre ich mich sagen. Der nadelfeine Stich von vorhin ist noch da.

»Irena hat damals mit mir Schluss gemacht. Und du weißt, wie ich gelitten habe.«

Oh ja, ich wusste, wie er gelitten hatte. Er war drei Wochen lang mein Untermieter gewesen. Ich sehe ihn noch heute vor mir, wie er zu mir kam. Wie ein kleiner Kater, der ausgesetzt worden war. Er war ungewaschen, unrasiert, hungrig. Er machte sich gleich über einen Topf Spaghetti her, das ich soeben gekocht hatte …

»Warum hat sie eigentlich damals mit dir Schluss gemacht, Chris?« Komisch, dass ich ihn das jetzt erst fragte, nach so vielen Jahren.

»Sie sagte, dass ich nicht zärtlich sein könne, sie sagte, dass sie es nicht mehr mit mir aushalten würde, wenn ich mich im Bett immer wieder gleich umdrehen und sofort einschlafen würde … Manchmal hörte ich sie weinen.«

»Heftig. «

»Ja.«

»Warum konntest du denn nicht zärtlich sein?«, frage ich. »Da war doch keine andere Frau?«

»Nein, das war's nicht. Viele Frauen waren unzufrieden mit mir … immer aus demselben Grund … Und seit ich mit Katja zusammen bin ist das weg.«

Als Außenstehender weiß man nie genau, wie es bei einem Paar um diese Dinge bestellt ist. Aber Katja und Chris hatten sich wirklich sehr gern. Chris sagte einmal: »*Ich kanns nicht fassen, wie sehr ich sie liebe. Ich war noch nie so lange mit einer Frau zusammen und dabei so glücklich!*«

»Wieso bist du bei Katja anders, ich meine …?«

»Katja und ich haben viel miteinander geredet. Sie sagte, sie werde das Gefühl nicht los, dass ich sie nicht liebte. Dann habe ich mit ihr Schluss gemacht … Ich konnte … Das war schon verrückt. Ich konnte sie nicht streicheln, obwohl ich sie liebte.«

»Und, wenn Ihr Sex hattet …?«

»Ja, wenn wir Sex hatten, habe ich sie schon berührt, hey, wie soll das denn sonst gehen … nein im Ernst. Ich habe sie schon angefasst, eher schnell und mehr wie in einem Porno. Katja war sehr geduldig mit mir. Sie war einfach Zucker. Dann haben wir eine Paartherapie gemacht … Davon hatte ich dir doch erzählt.«

»Stimmt«, sage ich.

»Ich weiß nicht, mit der Zeit konnte ich mich öffnen. Katja hat mich nie bedrängt.«

»Nie bedrängt«, wiederhole ich gedankenverloren und denke an meine eigene Ungeduld in diesen Dingen.

»Ich fand heraus, dass meine Mutter mich als kleines Kind misshandelt hat. Mein Vater fand die Brandflecken auf meinen Beinen … Sie haben sich getrennt, als ich zwei war … Ich lernte in der Therapie dieses Kind in mir zu lieben.«

Ich habe einen dicken Kloß im Hals. Ich will was sagen, kann aber nicht.

»Bist du noch da?«, fragt er liebevoll.

»Ja«, krächze ich und wische mir die Tränen weg. »Ich bin da Chris.«

»Na ja, das ist heute ganz anders. Jetzt kann ich nicht genug davon kriegen. Katja und ich liegen manchmal den ganzen Sonntag im Bett ...«, sagt er, und es liegt so viel Zärtlichkeit in seiner Stimme. »Das ist doch total verrückt, oder?«

»Ja«, sage ich und lehne mich in meinem Sessel zurück. »Katja kam zur richtigen Zeit!«

Also liegt es nicht *(immer)* an mangelnder Liebe, wenn Menschen nicht zärtlich sein können. Das stellte mein bisheriges Wissen völlig auf den Kopf. Wenn man seinem Partner langfristig die Zuneigung entzieht, die er braucht, kann er sich sehr einsam fühlen. Wie bei jeder Dauerbelastung muss man sich fragen, ob man damit leben kann. Natürlich können Beziehungen ins Stocken geraten, aber es ist wichtig, sich selbst treu zu bleiben und zur Sprache zu bringen, was einem fehlt.

Wenn Sie die Beziehung wieder aufleben lassen möchten, müssen Sie die Initiative ergreifen. So wie Chris und Katja.

BEZIEHUNG OHNE SEX,
GEHT SO WAS GUT?

Ein berühmter Beziehungscoach sagt, wenn Männer sich in ihre Höhlen zurückziehen, liegt es daran, dass sie *zu viel* Intimität erfahren haben, und das müssten sie erst einmal verdauen. Vielleicht wollten sie das alles ja gar nicht, und nicht gerade mit dieser Frau. Frauen sollten ausgehen, rät er, Dinge tun, die Spaß machen, er werde schon wieder zurückkommen! Den Mann loslassen. Das sei das Geheimnis.

Ihn loslassen, ihn loslassen, ihn loslassen, ihn loslassen ...

»Ich will mich nicht ständig rechtfertigen müssen«, sagen die Männer. Nur am Anfang, wenn die Beziehung frisch ist und unter einem *Beziehungswelpenschutz* steht, dürfen wir Frauen uns beklagen, weil er uns zum Beispiel nicht angerufen hat, ohne in Generalverdacht zu stehen, eine neurotische Klette zu sein! Vorausgesetzt, er genießt mit uns ein erfülltes Sexualleben. Nur dann könne er über unsere Fehler hinweg sehen. Heißt es. Die Wahrheit ist, dass Männer *und* Frauen ein erfülltes Sexualleben brauchen, um die Beziehung weiter führen zu können. Wir Frauen setzen nur die Prioritäten anders, wie ich finde.

Vielleicht ist es eine Frage des Alters. Wenn man jung ist, steckt man im Allgemeinen das Ende einer Beziehung leichter weg. Schließlich wartet an der nächsten Ecke schon der nächste Lover! Ich spreche hier nicht von Promiskuität, sondern von der sogenannten Sturm-und-Drang-Zeit einer modernen Frau. Sie sind wie kleine Katzen: neugierig, verspielt und verschmust. Wenn eine Frau genug gespielt hat und den Wunsch nach einem Kind verspürt, verändert sich zwangsläufig ihr Blick auf die Welt. Und auf Beziehungen. Also was machen viele Frauen jenseits der – sagen wir achtundzwanzig? Sie schauen sich die potenziellen Ehemänner genauer an. Da reicht es nicht mehr aus, dass er süß ist und toll ausschaut. Er muss auch Verantwortung für ein Kind übernehmen können. Empirisch gesehen ist es zwar die Mutter, die sich um das Neugeborene kümmert, aber das sichere Überleben eines Kleinkindes gelingt eher, wenn zwei Menschen da sind. Ein afrikanisches Sprichwort sagt: »Es braucht ein ganzes Dorf, um ein Kind groß zu ziehen.«

Die Frage war ja, ist eine Beziehung ohne Sex überhaupt überlebensfähig?

Zunächst muss ich sagen, dass wir oft von Sex sprechen, aber die Erotik meinen. Reine Penetration ist selbst für den größten Macho auf Dauer unbefriedigend. Was dieses Thema betrifft, gibt es einen sehr berührenden Film *(Blue Valentine)*, den ich neulich gesehen habe. Hier wird auf sehr eindrucksvolle Weise gezeigt, wie ein Mann vergeblich um die Liebe seiner Frau kämpft. Es geht in diesem Film nicht vordergründig um Sex, sondern um das Gefühl von seinem Partner ignoriert zu werden. Mir fiel dabei auf, dass in der erzählenden Kunst selten der Part des vernachlässigten Mannes beleuchtet wird. Männer werden für meinen Geschmack zu oft als animalische Wesen dargestellt, die alle drei Minuten an Sex denken. Ja, Männer wollen Sex, aber nicht um jeden Preis! Mein Sohn erzählte mir einmal, dass er mit seiner Freundin Schluss gemacht habe, weil sie so abweisend und kalt zu ihm gewesen sei. Sie habe ihm das Gefühl gegeben, nicht begehrenswert zu sein. »Wie meinst du das?«, fragte ich ihn. *(Ich kannte das Mädchen. Sie war aus meiner Sicht nicht nur wunderschön, sondern auch von tadellosem Charakter.)* »Na ja ... wenn ich sie zur Begrüßung küssen wollte, schob sie mich weg ... Sie tat es sanft und doch verletzte es mich«, sagte er. Ich wusste sehr gut, was er meinte. *Ich hatte seinen Vater nicht aus Liebe geheiratet, sondern weil ich ihn furchtbar gern hatte. Begehrt hatte ich ihn nie.*

Ich kenne nicht viele Paare, die sich dauerhaft begehren und ein glückliches Leben miteinander führen. Aber wenn wir genau hinhören und hinsehen, können wir erahnen, dass ein gemeinsames Glück sehr viel mit gegenseitiger Achtung, Nachsicht und echtem Interesse für den anderen zu tun hat. Der Sex kann kommen und gehen, aber die Zärtlichkeit und echte Intimität kann man erhalten, wenn man im Dialog bleibt und sich füreinander interessiert.

Und was ist mit der Leidenschaft? Tja, die Leidenschaft. Welch ein Glück, wenn sie in die Herzen von Liebenden gelangt. Die Leidenschaft ist unbestechlich, sie ist wild und frei, lässt sich nicht herbei wünschen und auch nicht wegschicken. Ich glaube, wenn es einem Paar gelingt, die Leidenschaft jenseits von Honeymoon und Dauer-Diskussions-Phasen rüber zu retten, wird aus Verliebtheit ewige Liebe.

KANN MAN DIE
LIEBE ERKLÄREN?

Wir alle haben nur ein Leben. Was heißt das nun? Heißt das, dass man versuchen soll, ein Optimum an Glück, Genuss und die ganz große Liebe in dieses eine Leben zu pressen? Macht es Ihnen Angst, wenn Sie die verbleibenden Jahre zählen, bevor der letzte Vorhang fällt? Warum fühlen wir in Zahlen? Glauben wir, dass wir dadurch das Jetzt beeinflussen können? Das Leben optimieren? »Simplify your life«, heißt es. »Weg mit allem, was stört und belastet!« An sich kein schlechter Gedanke, doch birgt dieses Denken nicht die Gefahr, dass wir uns zu schnell und zu oft von Menschen, Tieren und Dingen trennen, weil wir den Problemen nicht mehr gewachsen sind? Verbirgt sich dahinter eine Art Austauschmentalität oder ist es einfach nur Selbstschutz?

Was wollen wir eigentlich?

Einen Spaziergang auf weichem Boden oder mit Blasen an den Füßen die Berge erklimmen? Lieben um des Liebens Willen oder warten, warten auf den Seelengefährten? Warten? Gerne! Doch was ist, wenn er nicht kommt? Mein Freund Gereon sagte einmal: »Jedes Mal, wenn ich mich neu verliebe, gewinne ich ein neues Leben.« »Was meinst du damit«, fragte ich ihn. Mir gefiel das Wort verliebt nicht. Was war denn schon Verliebtsein? Verliebtsein ist wie eine Hure, die von einem Schoß zum anderen wandert. Doch die Liebe ist wählerisch. Sie lässt sich weder herbeiwünschen, festhalten noch fortschicken. Das Verliebtsein braucht das Gegenüber, die Liebe braucht es nicht.

Ich könnte mir vorstellen, dass Sie jetzt sagen, Gereon habe schon Recht, ist doch egal, ob es nun Verliebtsein oder Liebe ist – der Geliebte verzaubert unsere Welt. Das zählt! Ja, schon! Aber geht es bei Verliebtsein nicht um eine Befriedigungserfüllung nach dem Motto, *Mein-Herz-ist-grade-frei-komm-schon-mach-mich-glücklich-Ding*?

Ich musste unbedingt nochmal mit Gereon darüber sprechen. Er war der einzige Mensch, der meine Tagträume und meine Grübeleien verstand. Klar, er war vollkommen anders als ich. Er war ein Mann – und er war schwul.

Gereon und ich lernten uns auf einer Karaoke-Party kennen. Es war Anfang Dezember und wieder einmal waren *wir* die letzten Gäste im *Dubliners*. Gereon fragte mich, ob ich Lust hätte, ein Taxi mit ihm zu teilen. Ich hatte Lust. Er war mir natürlich aufgefallen. Er wirkte so jungenhaft und süß. Eigentlich genau mein Typ.

»Wie still es ist«, sagte Gereon, als wir draußen waren und lächelte dieses Lächeln. Die kalte Luft wirkte wie eine frische Brise, nachdem wir stundenlang Zigarettenqualm und Pub-Mief eingeatmet hatten. Es hatte den ganzen Nachmittag und Abend geschneit. Dächer, Balkone und Autos waren von glänzendem Schnee bedeckt. Gereon machte einen Schritt auf mich zu und hakte sich bei mir ein. »Warte, du rutscht ja noch aus in deinen hochhackigen Stiefeln.« Es war drei Uhr morgens, weit und breit keine Menschenseele zu sehen. »Ich weiß, wie es ist, in hohen Schuhen zu laufen«, sagte er.

Ich riss die Augen auf. »Echt?«

»Ja, ich trete manchmal in Klubs auf … als Liza Minnelli!«

»Echt?«, sagte ich wieder. »In welchem Klub denn?«

»Ach in *Mrs. Henderson* zum Beispiel. Ein Mal im *New York*.«

»Cool!«, sagte ich und sah ihn von der Seite an. Ich war beeindruckt.

»Nein, nicht in der Stadt New York«, Gereon strich mir eine Strähne aus dem Gesicht. Es war schon komisch. Selbst bei der Vorstellung, dass er als Frau verkleidet in Glitzerklamotten und High Heels auf der Bühne stehen würde, sah ich in ihm einen ganzen Mann. »In der Disco am Sendlinger Tor Platz!«

»Ach soo«, sagte ich. Ich kannte den Klub. Frauen hatten dort keinen Zugang.

»Willst du mal mit ins New York?«, hauchte Gereon mir ins Ohr.

»Ja«, sagte ich und klimperte mit den Wimpern.

»Okay, also gut. Samstag.« Ich nickte und freute mich wie eine Zweitklässlerin, die eine Eins bekommen hatte.

Es hatte wieder angefangen zu schneien. Von Weitem sahen wir ein Schneeräumfahrzeug die Straße entlang fahren. Sein Licht warf lange Schatten in den Schnee, der selbst auf den Gehwegen unberührt geblieben war. Zwei Blocks weiter trafen wir auf ein Pärchen, das an eine Wand gelehnt dastand und sich küsste. Es war kurz vor Weihnachten. An manchen Fassaden kletterten Plüsch-Weihnachtsmänner hoch und ringsherum sah man hell erleuchtete Fenster mit Lichterketten. Ein Taxi fuhr in Schrittgeschwindigkeit an uns vorbei. Gereon und ich sahen uns an und schüttelten gleichzeitig mit dem Kopf. Wir verstanden uns wortlos. Von Anfang an. Das ist nun dreißig Jahre her …

Gereon ist mittlerweile ein erfolgreicher Drehbuchautor und die Zeiten sind längst vorbei, als wir nach der Disco zu Fuß nach Hause gehen mussten, um Taxi-Geld zu sparen.

Wir sehen uns auch nicht mehr oft und doch ist er so was wie mein Lebensfreund geworden. Er kennt meine tiefsten Geheimnisse und wir hatten uns damals vorgenommen, spätestens mit fünfzig zu heiraten, falls wir dann noch Singles wären. Ein kitschiger Gedanke, der uns damals originell erschien. Gereon hatte eine etwas andere Sicht auf die Dinge, doch in einem Punkt waren wir uns einig: Wir liebten es, in München zu leben.

»Sag mal Gereon«, begann ich. Wir sahen uns gerade zum fünfzigsten Mal *The Way We Were* an. Er wegen Robert Redford, ich ebenso. In dem Film ging es um eine komplizierte Liebesbeziehung. Und wie die meisten komplizierten Liebesbeziehungen scheiterte auch diese. »Sag mal Gereon«, sagte ich wieder. »Du hast doch mal gesagt, dass du jedes Mal, wenn du dich neu verliebst, in ein neues Leben tauchst. Weißt du noch?«

»Das hab ich gesagt?«, fragte er und sah mich ungläubig an. »Ja, stimmt. Hab ich gesagt? Siehst du das nicht so?«

»Nein!«

»Nein?«

»Nein mein Freund!« Ich sah ihn schmunzelnd von der Seite an. Wahnsinn, wie gut er immer noch aussah. »Verliebtsein ist doch was Selbstsüchtiges, während Liebe auch bestehen kann, wenn es einseitig ist.« Als ich diese Worte aussprach, war ich mir plötzlich nicht mehr sicher, ob ich das selbst glaubte. »Ich meine bei der Liebe, da möchte man doch, dass der andere glücklich ist, auch wenn man nicht zurück geliebt wird.« Ich machte eine Pause, um zu prüfen, ob er mir noch zuhörte. Dann fuhr ich fort: »Na ja, und beim *Verliebtsein*, was ja aus meiner Sicht weniger Wert ist, also man zieht da dieses Ding durch. Diesen unausgesprochenen Vertrag unter Neuverliebten ...« Ich holte noch mal tief Luft. »Also beim Verliebtsein will man was für seine Liebe haben, bei der echten Liebe ist man selbstlos.« Oh Gott, ich drehte noch durch!

Gereon runzelte die Stirn. »Du redest wirres Zeug, mein Kind!«, sagte er kopfschüttelnd und zupfte an meinem Schal. »Ich weiß nicht«, sagte er dann. »Warum willst du das denn genau definieren? Ist doch egal, was es ist. Hauptsache man fühlt überhaupt was.«

Auf dem Nachhauseweg wurde mir *(wieder einmal)* klar, dass weder Gereon noch ich die Liebe erklären konnten. Niemand konnte das. Leider kenne ich Ihre Gedanken nicht, liebe Leserin, lieber Leser. Vielleicht ist keine Erklärung dafür nötig. Vielleicht sollten wir uns glücklich schätzen, dass wir überhaupt lieben können. Damit wir uns erinnern können an all unsere kleinen und großen Liebesabenteuer, wenn das Leben einmal kälter geworden ist und wir uns einsam fühlen. Wie heißt es so schön: »Die Erinnerung ist das einzige Paradies, aus dem wir nicht vertrieben werden können.«

Wollen wir hoffen, dass wir uns ewig an das Paradies erinnern können, das man Liebe nennt.

THE STORY OF LOVE

Ich glaube, es ist völlig egal, ob man als Paar alt wird oder als Single. Oberflächlich betrachtet, glaubt man, dass es Paare leichter haben, schließlich sind sie ja nicht alleine! Doch die Wirklichkeit sieht anders aus. Viele Menschen fühlen sich in ihrer Beziehung einsam und ungeliebt. Den Sonnentagen folgen schwerste Stürme. Manchmal sogar ein Erdbeben, wenn er oder sie sich entschieden hat, zu gehen. Dem Erdbeben folgt ein Vulkan, wo sich alles entlädt, was einen jahrelang gequält hat: Kränkungen, Einsamkeit, Zurückweisungen. Man bekommt den Eindruck, dass sich da zwei Menschen aneinandergekettet haben und je mehr sie die Fesseln anziehen, desto unmöglicher ist es, auszubrechen. Irgendwann spüren sie die Fesseln nicht mehr, und der anfänglich großen Liebe folgt ein Gefühl von Hass, dann Gleichgültigkeit. Doch manchmal, in einer ruhigen Minute, wo sie sich selbst in die Augen schauen, erkennen sie, dass sie einfach nur feige gewesen waren, feige, dem Leben die Stirn zu bieten und zu sagen: *Ja, ich bin stark! Ich schaffe es alleine! Wenn er mich nicht will, will ich ihn auch nicht. Und ich bin stark und eigenständig genug, um meine Kinder alleine groß zu ziehen. Wir werden es besser haben!*

Natürlich ist das nicht einfach. Nicht für den, der verlässt und auch nicht für den Partner, der verlassen wird. Und schon gar nicht für die Kinder.

Oft sind noch Dritte an einer Ehe beteiligt. Ich spreche von sogenannten Schattenbeziehungen. Da sitzt irgendwo eine Geliebte, die Weihnachten und Silvester alleine verbringt und weint und nach den Feiertagen ihre Kollegen anlügt und einen imaginären Freund erfindet, nur um nicht so erbärmlich da zu stehen.

Es gibt aber auch andere Zeiten.

Das sind *die* Zeiten, wo man sich als Paar blind versteht und die Kinder nicht glücklicher sein könnten. Man fürchtet sich förmlich vor so viel Glück. Man glaubt, dass einen die Götter eines Tages dafür strafen werden? Auch Singles haben Zeiten, wo alles hervorragend läuft. Sie fühlen sich begehrt, haben Erfolg im Job und der Freiheitswind weht besonders frisch um die Nase. Single-Männer klettern von einem Berg zum anderen und Single-Frauen richten ihre Wohnungen neu ein. Letztendlich geht es um Entscheidungen. Man entscheidet sich für oder gegen eine Ehe, eine Beziehung oder eine Trennung. Viele Männer und Frauen, die als gut verdienende Beamte ein Leben vorgezeichnet bekommen haben in scheinbarer Sicherheit und Bequemlichkeit, verschieben das echte Glück auf die Zeit nach der Zeit. Wenn die Pension dann näher rückt mit all seinen Möglichkeiten, den Reisen, den Hobbys, dem guten Essen, erkennen sie, dass das Haus, das inzwischen abbezahlt ist, plötzlich zum Gefängnis wird und die Leibspeise ihnen nicht mehr so richtig schmecken will.

Und wie altern Singles?

Die Mutter meiner Freundin ist bis auf ein paar unbedeutende Abenteuer mit verheirateten Männern nach ihrer Scheidung vor zwanzig Jahren immer alleine gewesen. In der Anfangszeit reiste sie sehr viel. Es ging ihr nicht schlecht. Doch jetzt ist sie gesundheitlich angeschlagen, das Weglaufen funktioniert nicht mehr. Als ich sie einmal fragte, wie sie denn so ihre Tage verbringe, sagte sie:»Oh es geht mir gut. Aber ich unternehme nichts mehr an den Wochenenden. Weißt du, da ist es mir einfach zu voll!« Meine Freundin erzählte mir später, dass ihre Mutter deshalb nichts an den Wochenenden unternehme, weil sie es nicht ertragen könne, so viele glückliche Paare zu sehen.

Mein Single-Leben war die meiste Zeit schön.

Als junge Single-Frau genoss ich die Erholungsphasen, wenn wieder einmal eine Beziehung zu Bruch gegangen war. Das Wort Einsamkeit habe ich nie in den Mund genommen. Ich war es einfach nicht. Später, als ich erkannte, dass ich als alleinerziehende Mutter nicht die Art von Beziehung führen konnte, wie ich es brauchte, entschied ich mich für das Alleinsein. Doch mein selbst gewähltes Zölibat entfremdete mich zunehmend vor mir selbst. Ich war eine andere geworden. Ich fühlte mich wie ein Kaktus. Wenn sich ein Mann für mich interessierte, wies ich ihn zurück. Ich verleugnete meine Bedürfnisse. Ich verleugnete die Liebe. Ich verleugnete meine Weiblichkeit. Ich hatte vergessen, wie es sich anfühlt, berührt zu werden. Und meine Lippen wurden nur noch von einem Lippenstift gestreichelt. Ich dachte, mein Sohn und ich hätten es besser, wenn wir alleine blieben, kein Stiefvater, der maßregelte, keine Streitereien, kein Stress. Jahrelang nicht zu lieben ist unmenschlich. Menschen brauchen den Menschen, um glücklich zu sein, sagen die Afrikaner. Ein sehr weises Volk, das an den Zauber der körperlichen Berührung glaubt. Eine meiner Freundinnen, die seit vielen Jahren Single ist, hat mir neulich anvertraut, dass sie es so sehr vermisse, wieder einem Mann ganz nahe zu sein. Gestreichelt zu werden und das Begehren in seinen Augen zu sehen. Also geht es um das Gefühl, als Mann oder Frau gesehen zu werden. Als das, was wir sind. Wir sind liebenswert. Jeder Einzelne ist es! Wir werden zur Bescheidenheit erzogen. Doch in stillen Stunden entlarven wir die Scheinheiligkeit dieser Tugend. Wir sprechen es nicht laut aus, aber wir wissen, dass wir einzigartig und bedeutend sind. Liebesbetrüger wissen das. Sie sprechen diese Zaubersätze laut aus und sagen uns Mantra mäßig, dass wir von außen und innen schön sind. Sie nähren unseren Wunsch nach Bedeutsamkeit. Und schon sind wir abhängig von jemandem, der dieses Phänomen geschickt für seine perfiden Spiele missbraucht. Ich spreche hier nicht *(nur)* von Loverboy-Banden, die sich aus fernen Ländern in die Herzen deutscher Frauen einschleichen, um ihr Geld und was viel schlimmer ist, ihre Würde zu stehlen. Solche Typen gibt es auch zuhauf bei uns. Wer als attraktiver junger Mensch behauptet, ihm würde so etwas nie passieren können, hat keine Ahnung, wie das ist, wenn man für das andere Geschlecht zeitweise unsichtbar ist.

Dann werden wir älter ...

Als ich mir zum ersten Mal darüber bewusst wurde, dass ich alterte, stand ich unter Schock. Na ja, es war nicht direkt ein Schock, aber traurig war ich schon! Es war eines dieser seltenen Abende, wo man nichts vorhat und Samstagabend bei Popcorn und Cola gemütlich vor dem Fernseher sitzt. Ich war so um die dreißig Jahre alt, es war 1991 und der Sender brachte alte Stücke aus den 1980er-Jahren. Ich war zu Tränen gerührt, als ich längst vergessene Songs hörte. Songs, die mir seinerzeit viel bedeutet hatten. Schlagartig wurde ich in meine Lieblingsdisco zurück katapultiert, grinste mit meiner Freundin Beate um die Wette, weil wir einen süßen Typen entdeckt hatten. Es war die Zeit der Waschsalons und Schulterpolster und *Pretty Women*.

An besagtem Samstagabend fühlte ich mich mit einem Mal nicht mehr jung, denn ich hatte nun eine Vergangenheit. Zum ersten Mal konnte ich einen Satz mit »... damals vor zehn Jahren ...«, beginnen.

Was kann man tun, um nicht panisch zu werden?

Wir sollten vor allem nicht ständig auf unser Alter schauen und jede kleinste *(äußerliche)* Veränderung argwöhnisch beobachten. Und schon gar nicht unser Alter mit der Möglichkeit einer erfüllenden Liebesbeziehung in Zusammenhang bringen. Denken Sie an den Blick eines Reisenden, der zum Bahnhof hetzt, um seinen Zug nicht zu verpassen. Vielleicht sogar einen Herzinfarkt riskiert nur um diesen blöden Zug zu erwischen, anstatt sich hinzusetzen und auf den nächsten zu warten. Er wird kommen, dieser nächste Zug! Die nächste Beziehung.

Lernen Sie zu warten.
Gelassenheit macht gelassen.
Bleiben wir gelassen!

Der Weg alleine ist nicht schlecht. Und wenn man das Leben positiv sehen kann, strahlt man Ruhe und Würde aus. Eine Gelassenheit, die uns schön macht. Wir müssen daran glauben, dass wir eines Tages wieder lieben werden. Wenn wir verbissen und griesgrämig durch die Welt ziehen, werden wir potenzielle Partner abstoßen. Die Einsamkeit ist wie ein ungebetener Gast. Sie tritt ein in unser Leben, nimmt Platz und sieht uns zu, wie wir in Panik geraten. Doch sie ist nicht böse. Sie ist nur ehrlich. Sie erinnert uns an Liebe. Und an unseren ureigenen Weg. Irgendwann verschwindet sie von alleine. Heiterkeit und Stärke nehmen wieder von uns Besitz. Wenn man lange Zeiten der Entbehrungen hinter sich gelassen hat, so sagt man, wird der Genuss später umso stärker. Und Menschen, die lange nicht geliebt haben, genießen die Liebe dann, wenn sie sie wieder spüren dürfen, in einer nie gekannten Tiefe.

ICH KOMME NICHT
VON IHM LOS

Neulich habe ich mich mit einem jungen Mädchen getroffen. Ich kannte sie aus der Zeit, als mein Sohn häufig Mädchen mit nach Hause brachte und froh war, wenn ich sie am Morgen danach am Frühstückstisch bespaßte, weil er sie am liebsten gleich *nach* dem Sex wieder nach Hause geschickt hätte. Zumindest hat er den Mädchen immer von Anfang an mitgeteilt, was Sache ist. Also diese Nummer mit:»Ich glaub, ich verlieb mich grade in dich!« ausließ und ihr ohne Umschweife sagte, dass er scharf auf sie war, aber kein Interesse an einer Beziehung habe. Einige Mädchen ließen sich darauf ein, was mich nicht wunderte, schließlich sind wir Frauen völlig gaga, wenn es um die Liebe geht. Wir glauben, er werde sich schon an uns binden, wenn wir ihm nur genug Zeit lassen, herauszufinden, wie wunderbar und einzigartig wir sind …

Dieses Mädchen – nennen wir sie Jana – hatte mich zum Frühstück eingeladen. Es war eines dieser perfekten Tage im August, wo das Wetter sehr warm ist und man trotzdem nicht schwitzt, weil von irgendwoher eine Brise weht. Jana war wie immer wunderschön anzusehen: Langes rosa Haar, Piercings an Ohren, Nase, Augenbraue, Lippe, und wer weiß sonst wo. Totenkopf-Shirt, das eine nackte Schulter zeigte, Strumpfband-Tattoos auf hübsch geformten Oberschenkeln.

Das Schönste an ihr jedoch waren ihre Augen: schwarz und geheimnisvoll.

Janas Leben drehte sich um Max. Er war ihre erste große Liebe. Selbst seine Heirat mit einem Mädchen aus dem Nachbardorf konnte sie nicht daran hindern, ihn weiter zu treffen. Sie schwelgte hin und her zwischen Hass und zerstörerischer Sehnsucht nach ihm. Ach ja, vielleicht denken Sie, er sei wesentlich älter als sie gewesen, weil er ja verheiratet war. Er war gerade mal dreiundzwanzig Jahre alt und bereits Papa und Ehemann. So was kommt vor, besonders im ländlichen Bayern.

Vor zwei Jahren ist Jana nach München gezogen, um endlich von ihm loszukommen. Als ich sie erzählen lasse von Max und wie er wieder einmal mitten in der Nacht vorbeigekommen war, nur um mit ihr zu schlafen, dem Max, der eines Tages sie von der Arbeit abholt, mit ihr einen herrlichen Abend im Englischen Garten zu verbringen und dem Max, der ihr niemals sagt, dass er sie liebt.

Was ist das eigentlich, was uns Frauen in Liebesdingen derart den Verstand raubt? Wir sind doch sonst nicht so blöd; selbst eine elektrische Zahnbürste suchen wir mit mehr Bedacht aus als einen Mann. Zu Beginn einer Beziehung sind wir entweder völlig ferngesteuert, ganz ohne eigenen Willen, oder wir sind paranoid. Warum glauben wir unserem neuen Freund nicht, wenn er sagt, dass wir einzigartig sind. Und warum sehen wir das Liebesende nahen, wenn er uns nicht mit Komplimenten zuschüttet? Na ja, vielleicht ist das ja der Grund, warum Männer sich von so viel Ambivalenz fürchten und am liebsten gar nichts sagen.

»Am Anfang war es wie in einem Traum«, sagte Jana. »Diese schöne Zeit, wo selbst die miesesten Kollegen einem nichts anhaben können, man die Nächte mit ihm durchmacht und im Morgengrauen in sein Hemd gehüllt, völlig übermüdet, aber irrsinnig glücklich zur Arbeit fährt.«

»Wo man nur noch die Songs hören will, die einen an ihn erinnern und einen superflachen Bauch bekommt, weil man ständig Sex hat ...«, schwärmte ich.

Jana musste lachen. Es war schön, sie lachen zu sehen. Oft saß sie nur stumm neben mir und wirkte seltsam abwesend. Manchmal ging eine solche Schwere von ihr aus, dass ich mich nach dem Treffen seltsam bedrückt fühlte. An diesem Tag jedoch war Jana leicht wie eine Feder und überaus unterhaltsam. »Jana, du bist heute so ...«, begann ich vorsichtig.

»Gut drauf?«, fragte sie.

»Ja!« Ich dachte kurz nach. »Hast du Max ...?«

Sie nickte und strahlte mich an. »Es ist vorbei Ayşe. Endgültig vorbei.«

»Echt?«

»Ja!«

»Hast du einen Neuen?«

»Eine Neue«, sagte sie. »Ich bin es. Ich bin die Neue! Ich hab endlich begriffen, dass unsere Beziehung pures Gift für mich ist und mich langsam aber sicher auffrisst.« Jana legte ihr Brötchen zurück auf den Teller, beugte sich zu mir nach vorne und sagte: »Vor einigen Wochen ... ich lag im Bett ... da hörte ich so ein klapperndes Geräusch im Flur. Ich dachte an Einbrecher und war gelähmt vor Angst. Ich traute mich nicht nachzusehen. Zur Not kannst du ja aus dem Schlafzimmerfenster auf die Straße springen, dachte ich. Wäre keine Sache gewesen, weil ich ja im Hochparterre wohne ... Ich rief Max an. Ich hab gewusst, dass er in München war ... ganz in der Nähe sogar. Er ging ran, war schrecklich wütend. Nerv mich nicht! Ich bin nicht dein

Babysitter, sagte er. Nein, das bist du nicht, sagte ich und legte auf. Das wars! Seitdem hab ich ihn nicht mehr gesehen.«

Ich sah sie an, als habe sie mir soeben berichtet, dass sie für einen Oscar nominiert worden wäre. »Das Geräusch?«, fragte ich.

»Aach, das war nur der Staubsauger, der im Flur umgefallen war«, sagte Jana, grinste mich zuckersüß an und biss in ihre Honigsemmel.

Ein Staubsauger also hatte Jana zur Vernunft gebracht. Vielleicht war das der berühmte letzte Tropfen. Janas ganz persönliches »No-Go«. Max hatte sie nicht ernst genommen. Sie in ihrer Angst und Verzweiflung alleine gelassen. Das, was sie bei einem Mann am meisten suchte, war Verlässlichkeit, Ritterlichkeit und Vertrauen. Hinter all ihrem Make-up und den Tattoos steckte ein verletzliches junges Mädchen, das gelegentlich beschützt werden will.

Wir alle haben unsere No-Go's. Und kein Mann der Welt ist aufregend und sexy genug, um uns auf Dauer etwas vorzumachen. Selbst das sanfteste Mädchen wird zur Löwin, wenn man ihre Grenzen überschreitet. Die Frage ist nur, wann.

WIE GEHEN SIE
MIT UNTREUE UM?

Jedes Paar spricht früher oder später einmal über Untreue und die meisten Männer und Frauen behaupten am Anfang einer Beziehung, sie hätten ihre früheren Partner nie betrogen. Wenn sie es dann irgendwann *doch* zugeben, dann nur mit dem Hinweis darauf, dass es grausam und egoistisch gewesen wäre, den Partner damit zu konfrontieren. Gemäß dem Motto »Was er nicht weiß, kann ihm nicht wehtun ...«

Die Meinungen gehen hier auseinander.

Die einen denken:
Wenn ich es weiß, habe ich die Chance, etwas zu verändern.
Ich könnte mir eine Geschlechtskrankheit einfangen.
Wenn er mich belügt und mir etwas vormacht, kann ich ihm nicht mehr vertrauen.

Die anderen denken:
Wenn ich es meinem Partner beichte, muss er unnötig leiden.
Ich liebe ihn und möchte ihn nicht wegen eines Seitensprungs verlieren.
Mein Partner kann mich sexuell nicht befriedigen, also hole ich es mir woanders.

Beide Parteien haben natürlich Recht. Aber wenn mein Partner sich in eine andere Frau verliebt oder »nur« mit ihr schlafen will, hat das auch was mit mir zu tun. Nicht zu wissen, was ihn dazu gebracht hat, fremd zu gehen, würde für mich bedeuten, dass ich nicht aktiv an der Beziehung arbeiten kann. Allerdings ist Betrug nicht immer ein Zeichen dafür, dass der Partner unglücklich ist, wie ich finde. Unglückliche Menschen werden von diversen Emotionen erfasst, aber all dies lässt sie nicht zwangsläufig in die Arme einer anderen Person laufen. Manchmal versucht man vor etwas zu fliehen, das tiefer liegt als das vermeintliche Unglück in der Beziehung. Man ist möglicherweise damit beschäftigt, eine Lücke in seinem Leben zu füllen.

Ich bin allerdings fest davon überzeugt, dass es eine bewusste Entscheidung ist, ob man fremd geht oder nicht. Ich habe mich nach meinem ersten und einzigen Seitensprung vor vierzig Jahren entschieden, es nie wieder zu tun. Es klingt vielleicht moralistisch, aber wenn ich mit einem Mann zusammen bin, dann kämpfe ich um die Beziehung. Wenn die Beziehung irgendwann dann doch scheitern sollte, bleibe ich eine Zeit lang alleine, lecke meine Wunden und leiste in gewisser Weise Trauerarbeit. Erst wenn ich über ihn hinweg bin, kann ich mich für eine neue Beziehung öffnen. Allerdings hatte ich noch nie eine wirklich lange Beziehung. Wer weiß, wie ich handeln würde, wenn ich nicht den Mut hätte zu gehen – aus Feigheit oder was weiß ich was. Jeder Mensch macht seine eigenen Erfahrungen und entwickelt seine eigenen moralischen Ansichten.

Wie sehen Sie das?

Sollte man seinem Partner die Wahrheit sagen? Oder ist es besser zu schweigen? Meine Freundin Beate sagt: »Wenn mir ein anderer Mann gefallen hat, habe ich es meinem Freund immer gleich erzählt. Ungehemmt und frei. Mal verknallte ich mich in meinen Englischlehrer, mal in einen Typen aus dem Hostel, wenn ich allein auf Reisen war. Meine Ex-Männer waren jedoch in den seltensten Fällen eifersüchtig. Vermutlich erkannten sie aus der Art, *wie* ich über diese Männer sprach, dass es sich nur um eine harmlose Schwärmerei handelte. All diese Männer schafften es nicht einmal bis zu meinem Kopfkino.«

Vielleicht verliert eine Affäre an Zauber, wenn sie ohne Heimlichkeiten auskommen muss!

Wenn man ehrlich mit seinem Partner umgehen kann und ihm Luft zum Atmen lässt, wird er es irgendwann imitieren und frei und unbesorgt von seinen kleinen Abenteuern berichten können, dass er zum Beispiel die neue Kollegin echt scharf findet. Menschen haben nun mal eine Libido und die lässt sich nicht *ausknipsen* nur weil man das gemeinsame Nest verlassen hat. Drehen Sie Ihrem Partner keinen Strick daraus, wenn Sie einmal sauer auf ihn sind. Er wird es Ihnen danken und diese Seite an Ihnen sexy finden.

Meine Beate sagt: »Ich bin wie eine Katze. Katzen brauchen ihre Streifzüge, aber sie kommen immer dorthin zurück, wo sie wirklich geliebt werden.«

WAR ES WIRKLICH LIEBE?

Es gibt da diese Ratgeber, wie man seinen Ex-Partner zurückgewinnen kann. Da werden Taktiken aufgelistet, an die man sich nur halten müsse und Schwupps stehe der Ex wieder vor der Tür! Ich gebe zu, dass sich das eine oder andere gut anhört, wenn zum Beispiel empfohlen wird, ihm nicht hinter her zu laufen und sich rar zu machen. Hand aufs Herz: Wollen Sie wirklich ihren Ex-Partner mit schäbigen Tricks zurückgewinnen?

Ich glaube, wer sich gerade in der Trennungsstarre befindet, würde alles dafür tun, damit der Schmerz aufhört. Die Sehnsucht nach dem Liebsten steigt ins Unermessliche und die Entzugserscheinungen kommen einem kalten Drogenentzug gleich. Der Ex-Partner wird auf ein Podest gestellt. Ganz gleich, was er uns angetan hat, wir verzeihen und lieben. Lieben weiter und leiden. Die einen versuchen, so schnell wie möglich einen neuen Mann zu finden, und stellen mit Entsetzen fest, dass der Neue ihnen vor Augen führt, wie sehr sie den Ex vermissen. Andere ziehen sich zurück, spalten jedes Gefühl von sich ab, stürzen sich in ihre Arbeit und versuchen den Kummer nicht an sich heran zu lassen. Zugegeben, nicht jede Trennung fühlt sich derart dramatisch an. Das hängt aber nur von einer Sache ab:

War es Liebe?

Denn wenn es echte Liebe war, dann kann man nichts falsch machen! Er wird Sie zurück haben wollen! Und wenn es nicht Liebe war, dann können Sie *alles* nur falsch machen. Ganz gleich, ob Sie eine Kontaktsperre von acht Wochen einlegen oder so tun, als wäre er Luft für Sie, wenn er Sie nie geliebt hat, wird er Sie nicht hören können. Selbstverständlich gibt es da dieses Phänomen: Man meint, man liebe den anderen nicht mehr, und erst Wochen, Monate oder sogar Jahre später, merkt man, dass man die Liebe seines Lebens mit Füßen getreten hat. Die Liebe ist weise, die Liebe ist verzeihend. Geben Sie nicht auf. Die Liebe wird dafür sorgen, dass Sie sich wieder begegnen. Wir alle wissen, dass in Liebesdingen die Dinge selten parallel laufen. Einer liebt immer mehr, einer leidet immer mehr. Die Kunst ist, wie ich finde, *sich und seinem* Partner Zeit zu lassen. Es ist wie nach einem Burnout: Stress und Überlastung haben einen derart aus dem Gleichgewicht geworfen, dass man nichts mehr spüren kann. Man ist blind für das Schöne und kommt aus dem Grübeln nicht mehr heraus, hat Schuldgefühle und Schlafstörungen. Gönnen Sie sich und Ihrem Partner Distanz. Nach einer gewissen Zeit werden Sie wieder Freude empfinden können. Sie werden Ihren Partner wieder anders betrachten und vielleicht erkennen, dass Sie sich mehr lieben als Sie gedacht hatten, weil Sie vor lauter Bäumen den Wald nicht gesehen haben.

WENN MÄNNER ZU
LANGE WARTEN

Ich liebe den Film »Harry and Sally«! Als ich ihn zum ersten Mal im Kino sah, wusste ich nicht, dass diese kleine Komödie mich über Jahre hinweg begleiten sollte. Erst war Sally älter als ich, dann jünger, und nun könnte sie beinahe meine Tochter sein. Meg Ryans Gesicht war damals süß und voller Leben und sie hatte diese niedlichen Fältchen an ihren Mundwinkeln. Aber jetzt, nach all dem (kosmetischen) »Gezerre« an ihrem Gesicht, mag ich ihre neuen Filme gar nicht mehr anschauen. Ich erkenne sie einfach nicht wieder! Ich kann verstehen, dass ein Hollywood-Star so lange wie möglich jung aussehen will, aber finden Sie es nicht seltsam, dass Schauspielerinnen zuerst ihre Mimik perfektionieren und am Ende für ein paar läppische Rollen sich wieder das Leben aus dem Gesicht schneiden lassen?

Der Film erzählt die Geschichte einer langsam wachsenden Freundschaft aus der eines Tages Liebe wird. Harrys Überzeugung, dass Männer und Frauen keine Freunde sein können, wird im wunderschönen Finale in der Silvesternacht *(als Harry plötzlich erkennt, dass er Sally die ganze Zeit geliebt hatte)*, widerlegt.

Okay, was ist da dran an diesem Mythos Männer und Frauen könnten keine Freunde sein? Heißt das, dass *auch* wir Frauen triebgesteuerte Wesen sind, die mit einem attraktiven

Mann zwangsläufig im Bett landen werden? Und ist es wahr, dass, wenn ein Mann nicht rechtzeitig den ersten Schritt in diese Richtung unternimmt, für immer der nette Freund aber niemals der coole Typ sein wird? Überleg-überleg ...

Als ich meinem Ex-Freund begegnet bin, habe ich etwas Unerhörtes getan. Ich sagte ihm, er solle sich nicht allzu viel Zeit mit dem »Anbaggern« lassen, da bei mir sonst die Gefahr einer »Abkühlung« bestehe. Er hat es sich nicht zweimal sagen lassen und wir landeten nach dem zweiten Date im Bett.

Die »netten« Männer *(also, die mit den guten Manieren)* beschweren sich häufig darüber, dass sie von uns Frauen *(trotz ihrer hehren Absichten)* nicht wirklich ernst genommen werden, während die sogenannten Arschlöcher die geilsten Frauen abschleppten. Ist das so? Kann es sein, dass die Netten einfach nicht genügend Pheromone versprühen oder ihr Testosteron-Haushalt zu niedrig ist – oder – ich wage es kaum auszusprechen, sind wir Frauen von Kindesbeinen an gewohnt, von Männern schlecht behandelt zu werden und brauchen dieses »*Nur-wenn-ich-dich-nicht-kriegen-kann-liebe-ich-dich-Ding?*«

Allerdings sind *mir* nach all den Jahren nur die Netten in Erinnerung geblieben. Die Arschlöcher habe ich mühelos aus meiner Festplatte gelöscht. Ich erinnere mich an C. der an einem Freitagabend meine Wohnung mit Blumen und Kerzen in ein Zauberland verwandelt hatte, oder an P., der mich am Marienplatz inmitten all der Menschen minutenlang küsste, oder A., der mir jeden Tag eine Postkarte schrieb und mich fragte, ob ich ihn heiraten wolle, bis ich »Ja!« sagte.

Es geht aber auch ohne Blumen und Kerzen. Es ist wahrscheinlich nur eine Frage der Fantasie und des guten

Geschmacks. Vielleicht hat Ihr Ex-Freund Sie in voller Montur zu sich in die Badewanne gezogen, in der er lag oder er hat Sie den ganzen Sonntag hindurch mit Zärtlichkeiten verwöhnt. Was immer es auch war, das durch unsere Erinnerungstüre gestiegen ist, es war einzigartig, romantisch und zauberhaft. Schade, dass sie nichts von alledem wissen. Diese tollen Männer und Frauen, die wahren Magier und Zauberkünstler unserer Vergangenheit ...

DAS UNIVERSUM
KENNT KEINEN ZEITDRUCK

Moslems sollen mindestens ein Mal in ihrem Leben nach Mekka fahren. Christen und Juden pilgern nach Jerusalem, und wer sich nicht in den Flieger setzen möchte, kann auf dem Jacobsweg wandern. Für unsere Eltern in den 1950-Ern war Venedig bereits ein Sehnsuchtsort.

Und Sie?
Wo befindet sich Ihr Sehnsuchtsort?
Wovon träumen Sie?

»Mein Sehnsuchtsort ist Indien!«, sagte meine Großtante einmal. »Warum Indien?«, fragte ich. Sie hatte niemals ihr Dorf verlassen. Las weder Bücher, noch kannte sie das Internet. »Weil es dort Elefanten gibt«, sagte sie, stand auf und ließ mich mit meinen Gedanken alleine zurück. Sehnsuchtsorte können also Orte sein, die wir mit nur einem Symbol, einer Melodie, einem Bild oder einer Emotion in Verbindung bringen können. Mein Sehnsuchtsort ist Irland. Ich und meine blöde Flugangst! Ich habe fast alle europäischen Länder bereist, aber nur mit dem Zug. Klar, es gibt ja auch die Überquerung per Schiff, aber auch damit habe ich so meine Probleme! Also verschiebe ich die Reise und werde immer älter. Offenbar bin ich da in bester Gesellschaft. Viele Menschen verschieben die Reise an ihren Sehnsuchtsort, weil es immer etwas gibt, das gerade wichtiger ist oder weil ihnen schlichtweg das Geld fehlt. Vermutlich ist die Idee des Sehnsuchtsortes etwa wie der Traum nach der einen großen Liebe oder die Suche nach dem Seelenverwandten, dem wir irgendwann zu begegnen hoffen.

Meine Freundin Sabrina sagte einmal, sie werde sich nie zu etwas zwingen lassen und schon gar nicht in Liebesdingen.

»Wie meinst du das?«, fragte ich sie.

»Ganz einfach. Ich mach mir keinen Druck. Ich werde ihn finden, meinen Seelenverwandten.«

»Und, wenn du ihm erst mit achtzig begegnest?«, fragte ich dummdoof. »Dann ist es eben so!«, sagte sie, und in ihrer Stimme klang eine Mischung aus Trotz und Zuversicht.

»Was ist, wenn man diesem Menschen nie begegnet? Hat einen dann der Himmel vergessen?«, fragte ich.

»Ich glaube, sowas läuft nicht so spektakulär. Es ist eher wie bei Lassy, den der kleine Junge immer wieder wegschickt, weil er ihn schützen will. Es gibt keine Seelenverwandten, es gibt nur Menschen, die zu uns zurückkommen, ganz gleich, was wir getan haben.«

»Das glaubst du?«

»Ja!«, sagte sie und machte eine ausladende Handbewegung. »Das glaube ich?« Dann nach einer kleinen Pause: »Allerdings sind wir neuerdings ziemlich meschugge, was das Dating betrifft. Wir entwickeln eine Art Radar gegenüber potenziellen Herzensbrechern. Wir werden paranoid und boykottieren jede neue Liebe. Wir versuchen gemäß einer erfolgreichen *Liebes-Notfall-Präventiv-Politik* einen Lügner, Heuchler oder was weiß ich schnellstens zu entlarven.«

»Red weiter«, sagte ich. Sabrina faszinierte mich immer wieder mit ihren Ansichten. Sie war zwar zwanzig Jahre jünger als ich, aber sie war ungeheuer weise. »Alles aus Selbstschutz. Wir machen alles nur aus Selbstschutz! Unser Herz ist tapfer und einiges gewohnt, aber wir müssen es pfleglich behandeln.«

»Pfleglich behandeln?«

»Ja. Gleich nach unserem ersten Date oder auch schon vorher googeln wir ihn zu Tode. Suchen nach Leichen im Keller. Und wenn er all diese Prüfungen bestanden hat, darf er in unser Allerheiligstes – in unser Herz. Aber bitte erst nach einem negativen Aids-Test.«

»Du willst damit sagen, ich soll vorsichtig sein.«

»Nein!«

»Nein?«

»Ich will damit sagen, dass du das, was du gerade erlebst, frei von Vorurteilen genießen sollst.«

Ich möchte Ihnen zum Schluss noch eine Geschichte erzählen, liebe Leserin, lieber Leser. Eine Geschichte, die wahr ist und mich noch heute in Verzückung versetzt.

Als ich eines Tages mit meinem Ex-Freund Ingo seine Fotoalben durchsah, fand ich ein Foto, auf dem ICH (!) mit drauf war. Ich lag in Griechenland an einem Strand, eine Armeslänge von ihm entfernt auf einer Decke und blinzelte in die Kamera. Wir kannten uns noch gar nicht und doch gab es ein gemeinsames Foto von uns. Ein Foto, geschossen von seiner damaligen Freundin Johanna. Wir waren am selben Ort zur gleichen Zeit. Doch offensichtlich hatte Kismet, Schicksal oder Amor hier etwas durcheinandergebracht. Wir sollten zusammen kommen. Nur nicht jetzt ... Demnach gibt es irgendwo da draußen einen Menschen, der uns kennt und liebt, noch bevor wir ihm begegnet sind.

Wir stecken vielleicht seit Jahren in einer unglücklichen Beziehung fest, während unser Seelenverwandter zwei Straßen von uns entfernt wohnt. Wenn man der griechischen Mythologie Glauben schenken will, hat jeder von uns eine Zwillingsseele. Irgendwann von den Göttern getrennt, ist es unsere Aufgabe, sie wieder zu finden. Es wird behauptet, dass diese Zwillingsseelen sich im Leben sogar mehrmals begegnen können. Sie kommen zusammen, heißt es. Vielleicht in diesem Leben – vielleicht erst Äonen später. Das Universum kennt keinen Zeitdruck. Alles, was wir machen müssen, ist es, uns zu entspannen und fest daran zu glauben.

IST LIEBE EINE FRAGE
DER ENTSCHEIDUNG?

Vergleichen auch Sie manchmal Zeiten, die Sie mit oder ohne Liebesbeziehung verbracht haben? Welche Zeit war schlimmer? Manche sagen, dass man nicht wirklich geliebt hat, wenn man keinen Schmerz empfunden habe. Andere behaupten, wenn es verletzt ist es keine Liebe.

Wie denken Sie darüber?

Wenn man der Zeit einen so großen Wert beimisst, so könnte man doch annehmen, dass die Zeit *uns*, was das Lieben betrifft, klüger macht. Heißt das nun, dass Menschen, die eine lange Liebeskarriere hinter sich gebracht haben, besser lieben können? Oberflächlich betrachtet, ähnelt Verliebtsein einem Suchtverhalten, sagt die Wissenschaft: Wenn wir uns verlieben, werde im Gehirn Dopamin ausgeschüttet und das Belohnungssystem aktiviert. Kein Wunder also, dass wir innerlich zusammenbrechen, wenn wir den Menschen, der uns derart »glücklich belohnt« hat, mit einem Mal nicht mehr lieben dürfen. Wenn er sich rarmacht oder uns gar für immer verlässt. Wir können uns nicht vorstellen, dass wir jemals wieder einen Menschen finden werden, der so faszinierend ist wie er oder sie. Und doch hören wir nicht auf, an die Liebe zu glauben.

Wenn der Gedanke an den Ex nicht mehr weh tut und wir uns wieder nach einem anderen Körper sehnen, spätestens dann keimt in uns der Wunsch, es noch ein *(letztes)* Mal zu versuchen. Vermutlich ist diese Liebessehnsucht ein wesentlicher Motor für unser Leben. Wenn ich diesen Gedanken weiter spinne, frage ich mich, ob Menschen, die zu Depressionen neigen, diese Fähigkeit verloren haben. Und was ist mit den Menschen, die nicht depressiv sind und sich trotzdem gegen die Liebe entscheiden? Sind das Menschen, die einfach keine Lust mehr auf die *Nebenwirkungen* haben und es somit ganz sein lassen?

Ist Liebe eine Frage der Entscheidung?

Anders gefragt: Was macht der Verzicht auf Liebe mit uns? *(Damit das klar ist: Ich würde mich noch im Sterbebett von Amors Pfeilen treffen lassen!)*

Wenn wir uns verlieben, sind wir euphorisch, weil die Liebe uns in einen Zustand versetzt, der uns ganz macht. Es ist eine Illusion. Wir wissen es und trotzdem dauert die Sehnsucht danach ein Leben lang. Künstler befassen sich mit der Liebe und erzählen sie in allen Variationen. Wer Goethes *Werther* liest, wird feststellen, dass Menschen zu aller Zeit verrückt nach Liebesgeschichten waren. Die Liebe hat eine so große Macht über uns, dass selbst sehr alte Menschen nicht aufhören können, von der Liebe zu träumen. Würden alle Menschen, die gerade an Liebe denken, leuchten, würde es vermutlich nie wieder dunkel werden.

Schöner Gedanke …

WESSEN WAHRHEIT?

Viele Menschen haben Angst davor, Entscheidungen zu treffen. Besonders hart trifft es die, die in einer toten Ehe fest stecken und den Schritt zur Scheidung fortwährend verschieben. Einen Partner aufzugeben ist niemals leicht, besonders dann, wenn Kinder da sind. Doch was hält Frauen und Männer wirklich davon ab, sich von ihren Partnern zu trennen? Ist es Angst vor dem Alleinsein oder vor den finanziellen Folgen einer Scheidung? Oder ist es der Kinder wegen? Man könnte doch meinen, dass wir *(Frauen)* nur auf unser Herz hören müssten, denn spricht es nicht oft genug mit uns unüberhörbar und deutlich? Warum müssen wir alles bis zum Äußersten ausreizen, bis auch das letzte Stück Leben aus der Beziehung herausgepresst wurde?

Willkommen in der Welt der Verdrängung!

Probleme und Konflikte gären im Stillen weiter, bis die unterdrückten Gefühle eines Tages völlig unvermittelt explodieren. Aber was ist eines Tages? Kann es nicht sein, dass Beziehungen trotz Verdrängung gut funktionieren können? Woa! Was für eine ungeheure Behauptung! Gerade von mir, die doch Ehrlichkeit und Offenheit in der Beziehung als oberstes Prinzip sieht.

Lassen Sie mich erzählen ...

Meine Freundin – nennen wir sie Andrea – ist seit acht Jahren mit Markus verheiratet und schläft seit sechs Jahren nicht mehr mit ihm. Sie haben einen fünfjährigen Sohn, der bei Mutti im Ehebett schläft. Markus nächtigt währenddessen im Wohnzimmer auf einer Matratze.

Ich kann mit Andrea offen reden, also frage ich sie: »Sag mal, hast du eigentlich einen Geliebten?«

»Nein!«

»Und Markus …?«

»Nein, wir sind uns treu!«

»Okay.«

»Ach, das ist alles nicht so einfach!«, sagt sie, steht auf, geht ins Bad, schaltet die Waschmaschine ein und kommt wieder zurück. »Die Sache mit dem Sex … das ist manchmal schon sehr belastend. Ich kann mit Markus einfach nicht schlafen …« Andrea verzieht das Gesicht.

»Kuschelt ihr miteinander?«

Andreas Augen leuchten auf. »Ja! Wir machen alles gerne miteinander, halt nur keinen Sex.«

»Redet ihr darüber?«

Andrea knubbelt meinen Arm. »Mach dir keine Sorgen, Ayşe. Er ist mein bester Freund und ich … bin schon so lange aus dem Job raus. Ich würde es alleine nicht schaffen.«

Andrea und Markus sind heute noch zusammen. Wenn ich die Drei besuche, kann ich nicht sagen, dass sie einen unglücklichen Eindruck auf mich machen. Sie sind so wie sie sind. Sie lachen viel und berühren sich oft. Mehr vielleicht als Paare, die Sex miteinander haben. Was soll ich sagen, sie haben ihre Entscheidungen getroffen, so wie es für sie richtig ist und lassen sich von anderen nichts einreden.

Auch nicht von mir!

Gut so!

ALS WIR LIEBEN LERNTEN

Man sollte den Glauben, den Richtigen zu finden, niemals aufgeben. Was ist aber, wenn man den Richtigen schon gefunden hat? In seiner Jugend zum Beispiel. Die Beziehung von damals ist zerbrochen, die Liebe aber nicht ... Wir gehen weitere Beziehungen ein, werden älter und doch tragen wir diese eine große Liebe in uns wie einen geheimen Schatz. Wir zählen die Jahre mit und denken an seinen Geburtstag.

Woher kommt dieses tiefe Wissen, dass nichts Besseres mehr nachkommt?

Liegt es daran, dass wir jung und naiv waren, damals, als alles neu war? Neu und intensiv. Als die anfängliche Unsicherheit gegenüber dem anderen oder dem eigenen Geschlecht Platz machte für ein neues, schönes Gefühl, das man Liebe nennt – eine Mischung aus Freude und Schmerz. Wir konnten nicht schnell genug erwachsen werden und wie immer standen unseren Träumen die Erwachsenen im Weg. Besorgt sahen sie uns dabei zu, wie wir die ersten »Liebesschritte« machten und versuchten uns aufzufangen, wenn wir hinfielen. Sie glaubten uns nicht, wenn wir sagten, dass diese Liebe niemals enden würde. Niemals! Dieser eine Mensch, der in der Lage war, uns derart zu verzaubern, wurde aufs höchste Podest gestellt. Wir schenkten ihm unser Vertrauen. Aber was noch wichtiger ist: Wir vertrauten zum ersten Mal unseren eigenen Gefühlen.

Unsere erste Liebe hat den wichtigsten Teil von uns geprägt: unsere Fähigkeit zu lieben. Und wenn es eine gesunde und gute Beziehung war, die fair endete, gibt es keinen Grund, sie jemals aus dem Gedächtnis zu streichen. Viele Menschen sind auf ewig dankbar, dass *er* oder *sie* ihre erste große Liebe war.

Dank Facebook & Co. ist es nicht sonderlich schwer, alte Freunde wieder zu finden. Der Gedanke, seine erste Liebe wiederzutreffen, klingt aufregend und romantisch. Ob unsere erste große Liebe unsere Sehnsüchte wirklich erfüllen kann, bleibt zu bezweifeln. Eins ist sicher: Die große Liebe wird immer einen Platz in unserem Herzen haben. Für die erste Liebe gibt es keine zweite Chance. Sie ist zwar etwas ganz Besonderes, aber vor allem auch eines: vorbei.

Halt!

Das stimmt nicht ganz!

Die Trennung von C. ist verdammt lang her und ich schwöre Ihnen, ich habe erst gestern wieder von ihm geträumt. Ja, es ist so. Immer und immer wieder taucht er in meinen Träumen auf. Es ist immer die gleiche Geschichte. Sie wird nur in verschiedenen Variationen erzählt: *Ich treffe ihn zufällig in der Stadt, wir umarmen uns, landen manchmal im Bett … aber immer entwindet er sich mir. So wie damals vor vierzig Jahren …*

WAS WAR ZUERST DA,
DER MANN ODER DAS EI?

Man kann alles lernen: Fremdsprachen, das Kochen, das Flirten, Urban Sketching. Für alles gibt es einen Kurs oder einen Ratgeber. Wer kein Geld hat, der kann sich diese Dinge bei YouTube zeigen lassen. Sogar wie ein Zungenkuss funktioniert.

Sonya und David haben sich quasi über YouTube kennengelernt, bei einem Vlogger-Treffen. Sonya und David, ein ganz normales Paar, das sich selbst im Wege stand.

Neulich, als Sonya bei mir war, drehte sich wieder einmal alles um ihren David, ihrem »Jein-Sager«. Wir saßen im Wohnzimmer bei einem Glühwein und sezierten ihre Beziehung und fragten uns, was zuerst da war, der Mann oder das Ei und am Ende landeten wir bei Polyamorie. Keine Ahnung warum? Auch so ein Phänomen wie die weibliche Ejakulation. Jedenfalls standen wir wieder einmal vor der Frage, was das alles sein soll? Das mit der Liebe und dem ewigen Kreislauf des »*Suchen-Finden-Trennen-Spiels*«.

»Ich kann nicht mehr«, sagte Sonya. »Er hält mich nun seit zwei Jahren hin. Mal will er mich mit Haut und Haar, dann lässt er mich am langen Arm verhungern.«

Ich nickte nur. Das Thema David hatten wir schon so oft durchgekaut. David war ein netter Typ und ich hatte den Eindruck, dass er sie liebte. Aber sobald sie ihm zu nahe kam, fing er an zu mauern.

»Warum glaubst du, dass er sich immer wieder zurückzieht?«, hatte ich Sonya gefragt.

»Na, weil er glaubt, dass es irgendwo eine Bessere gibt!«

»Sagt er das?« Ich versuchte normal zu schauen, um ihr keinen Anlass für Spekulationen zu liefern. Sonya war schließlich eine meiner ältesten Freundinnen und sie kannte mich manchmal sogar besser, als ich mich selbst.

»Nein«, sagte Sonya leise.

»Es könnte doch sein, dass er tief drinnen denkt, er sei auf Dauer nicht gut genug für *dich*«, wagte ich zu vermuten. »Vielleicht rühren ja seine Bindungsängste aus einer tiefen Angst vor dem Verlassenwerden?«

»Nein, das ist es nicht«, sagte Sonya nüchtern.

»Nein, das ist es nicht«, wiederholte ich. Mann-Mann-Mann! Wieder einmal machten Sonya und ich uns Gedanken darüber, was in Männern so vorgehen könnte. Wir konnten es einfach nicht lassen, also diskutierten wir weiter und weiter, suchten krampfhaft nach Ursachen.

»Am Anfang konnten wir die Finger nicht voneinander lassen …« Sonya seufzte. »Gott, war das schön … Immer, wenn er mich ansah, strahlten seine Augen und er machte diese süßen Witze, die nur wir verstanden. Jetzt ist alles so kompliziert.«

Ich nickte. »Vielleicht musst du dir ja nur klar darüber werden, wie wichtig es für dich ist zu heiraten«, sagte ich. »Und warum du den Trauschein unbedingt … brauchst …«

Sonya setzte sich aufrecht hin und umklammerte die Armlehnen ihres Sessels: »Na, weil es mir zeigen würde, dass ich die Eine für ihn bin.«

»Du brauchst einen Beweis seiner Liebe?«

»Ja.«

Wir schwiegen eine Weile, dann fragte Sonya: »Meinst du, ich sollte mich ein wenig von ihm zurückziehen?«

Ich zuckte mit den Schultern. »Ich glaube, du solltest das tun, was sich richtig für dich anfühlt ...«

»Glaubst du, er entfernt sich dann noch mehr von mir ... ich meine, wenn ich zum Beispiel wieder mehr Sport machen würde?«

»Hast du denn deinen Sport vernachlässigt?«

»Ja.«

»Viele Männer wünschen sich eine Freundin, die nicht *ihn* als ihren Lebensmittelpunkt sieht«, sagte ich. »Ich würde euch empfehlen, zu einer Paarberatung zu gehen. Ich kann dir da jemand empfehlen.«

»Nein«, sagte Sonya. »Das schaffen wir schon alleine ... aber danke!«

Das ist nun ein Jahr her.

Sonya und David haben es nicht geschafft.
Sonya hat alles gegeben.
David hat alles gegeben.

Wenn Ihr Partner nicht heiraten möchte und Sie es unbedingt wollen, sollten Sie ein sehr ehrliches Gespräch mit ihm führen, um herauszufinden, ob er generell gegen eine Heirat ist oder einfach nur warten will. Fragen Sie sich bitte, wie lange *Sie* bereit sind zu warten und wenn es »nie« ist, was machen Sie dann? Letztendlich müssen *Sie* entscheiden, ob Sie in einer langfristigen Beziehung, die nicht zum gewünschten Ergebnis führt *(ein Kind, eine Heirat, Umzug in ein fremdes Land)*, wirklich glücklich sein können.

WANN BEGINNT DAS ENDE
EINER BEZIEHUNG?

Meine Freundin Pia lernte auf einer Firmenveranstaltung Alexander kennen. Er war süß, er sah gut aus und Pia, die normalerweise Männer ganz gerne zappeln ließ, konnte Alexanders Charme nicht lange widerstehen.

Die Welt hatte ein verliebtes Pärchen mehr ...

Die beiden tauchten ein in das berühmte »Rosa-Vierteljahr« und ihre Welt wurde über Nacht auf den Kopf gestellt. Jede Zelle ihres Körpers war dafür bestimmt, sich mit dem anderen zu vereinen. Sie verließen das Bett nur noch, wenn es absolut nötig war, und die Gemeinheiten der fiesesten Kollegen prallten an ihnen ab wie Öl auf nasser Haut. Familie und Freunde wurden vernachlässigt, die Post ungeöffnet in eine Ecke geschmissen und alles was warten konnte, großzügig auf die nächsten Monate verschoben. Selbstverständlich waren sie füreinander bestimmt und nichts auf der Welt konnte sie jemals wieder trennen. Die beiden waren so verrückt nach einander, dass sie sich nur für einen Kuss am Sendlinger Tor trafen. Und wenn sie am Sonntag im Englischen Garten eng umschlungen spazieren gingen, taten ihnen alle leid, die alleine waren; denn *sie* waren der Mittelpunkt des Universums.

Dann geschah etwas mit ihnen ...

Irgendwann blieben Alexanders Liebesbriefchen aus, Treffen wurden verschoben und das Anliegen des Hausmeisters erschien ihm plötzlich wichtiger als der Kummer seiner Freundin. Alexander fuhr auffällig oft zu seinen Eltern. Als er dann noch Pias Geburtstag vergaß, rächte sie sich fortan mit Sexstreik an ihm. Die Beziehung schlitterte langsam, aber sicher in eine Krise zu ...

Früher oder später endet jede Honey-Moon-Phase. Vermeintliche Fehler des anderen werden aufgeblasen, man sucht geradezu nach Argumenten, um den anderen davon zu überzeugen, dass man Recht hat. Natürlich hat man Recht, der Partner aber auch! Besonders schlimm wird es, wenn man den Kummer des Partners ignoriert. Oder sich nicht um ihn kümmert, wenn er zum Beispiel krank wird. Man will nicht gefühlskalt sein, aber man ist es. Ab einem gewissen Punkt scheint es unmöglich zu sein, den anderen zu sehen, geschweige denn zu hören.

Pia spürte, dass sie sich derart voneinander entfernt hatten, dass selbst ihre raffiniertesten Eifersuchtsspielchen Alexander kalt ließen und er sich lieber mit dem Briefträger unterhielt als mit ihr.

Wenn man so weit gekommen ist, schlägt meistens einer von beiden vor, sich für eine gewisse Zeit zu trennen. Der andere fühlt sich in die Enge getrieben und unterstellt dem Partner, er habe doch nur die Absicht, sich in Ruhe jemanden anderen zu suchen (nur, so als Beispiel). Die meisten Paare sind meist nicht mehr in der Lage, ohne fremde Hilfe Klarheit in ihre Beziehung zu bringen. Einer fängt an, macht Vorwürfe, der andere wehrt ab, distanziert sich, mauert. Oft kommt ein Schicksalsschlag zur »Hilfe«, zum Beispiel wenn jemand aus der Familie schwer erkrankt oder einer von beiden

seinen Job verliert. Man spürt den anderen plötzlich wieder. Eine
Chance, das Ruder wieder herumzureißen. Manchen Paaren gelingt
das auch! Andere stolpern jedoch bald wieder in den Kampfmodus.

Ich mache hier mal einen Punkt.

Denken Sie bitte an Ihre letzte Beziehung.
Wie ging es Ihnen damals?
Wie ging es den Kindern?
Waren Sie froh, dass es vorbei war, oder hatten Sie das Gefühl,
dass Sie eine große Liebe mit Füßen getreten hatten?
Haben Sie sich gefragt, was Ihr Anteil am Scheitern der
Beziehung gewesen war?

Manchmal ist es aber so, dass man, während man die
Beziehungsscherben zusammenkehrt, traurig erkennen muss,
wie sehr man den anderen geliebt hat oder wie wenig.
Vielleicht kreisen Ihre Gedanken zurück zu dem Punkt, als
alles noch offen war. Sie fragen sich, ob eine
Beziehungspause, die Ihr Partner vorgeschlagen hatte,
wirklich so falsch gewesen war. Immerhin birgt eine
kurzzeitige Trennung die Möglichkeit, dass man die Dinge
klarer sehen kann und auf eine friedliche Art wieder
zueinanderfindet. Eine Trennung auf Zeit kann eine
Trennung auf Raten bedeuten. Sie kann aber auch eine
Chance sein, wenn beide sie ernst nehmen und nutzen, um
über ihre Beziehung, die eigenen Wünsche und Gefühle
nachzudenken. Man sollte den Mut für eine Pause
aufbringen, wie ich finde, denn wenn es echte Liebe war,
wird keine Pause der Welt Ihre Gefühle füreinander
zerstören können. Und wenn doch, dann hätten Sie sich
vermutlich früher oder später doch aus den Herzen verloren.

DIE KIRSCHEN IN
NACHBARS GARTEN

Martin und Mena lieben sich sehr. Wenn Mena den Raum verlässt, schaut er ihr hinterher, und wenn sie an ihm vorbei streift, kann er nicht anders – er muss sie berühren. Ich spreche hier nicht von einem Paar, das sich erst wenige Monate kennt, sie sind mittlerweile sechs Jahre zusammen und lieben sich wie am ersten Tag.

Wie kommt so was?

Liegt es daran, dass die beiden eine Fernbeziehung führen?

Hat die Liebe ein größeres Verfallsdatum, wenn man sich *nicht* mit den üblichen Alltags- und Beziehungsproblemen abplagen muss? Die vielen Mini-Trennungen haben jedoch ihre Spuren hinterlassen, besonders bei Mena. »Ich habe irgendwo mal gelesen, dass jede Trennung einem Schlussmachen gleich kommt«, sagt sie. »Der Geist weiß, dass es nicht so ist, aber das Herz spricht eine andere Sprache.«

Das Herz spricht eine andere Sprache? Nein, der Körper spricht eine andere Sprache! Das klingt in diesem Zusammenhang verwirrend. *Moment bitte, ich komme gleich darauf zurück.* Wenn Sie zum Beispiel ein Paar aus ihrem Bekanntenkreis beneiden, weil es sich *so sehr* liebt und kein einziges graues Wölkchen im Liebeshimmel zu sehen ist, werden Sie sich vermutlich fragen, wieso Ihnen das nicht gelingt. *Die Liebes-Kirschen in Nachbars Garten sind nicht immer süßer!* Ein Paar, das in einem On-Off-Beziehungsmuster gefangen ist, wird von der Außenwelt als problematisch eingestuft. Vielleicht sogar belächelt! Mal ehrlich, haben wir uns da nicht schon mal getäuscht?

Es war ein ganz normaler Nachmittag. Mein Sohn Malik und ich besuchten Donagh, Catherine und ihren fünfjährigen Sohn Ian, der in der gleichen Kindergartengruppe wie Malik war. Während die Kinder im Garten spielten, saßen wir Erwachsenen auf der Terrasse und tranken Kaffee. Donagh und Catherine strömten so viel Liebe und Harmonie aus, dass ich mich mit einem Mal klein und unbedeutend fühlte.

Als ich mir am selben Abend vor dem Schlafengehen die Zähne putzte und mich im Spiegel sah, musste ich plötzlich weinen. Ich war neidisch. Neidisch auf Catherines und Donaghs Glück. Den ganzen Abend redete ich mir ein, alles falsch gemacht zu haben. Mit diesen trüben Gedanken fiel ich in einen traumlosen Schlaf …

Einige Monate später erfuhr ich, dass Donagh und Catherine sich getrennt hatten. »Das war alles nur ne Show«, sagte Catherine, als wir uns mit den Kindern zum Eis essen in der Stadt trafen. »Wir haben seit zwei Jahren keinen Sex. Ich bin froh, dass es aus ist. Wir haben nur für Ian … Du weißt schon! Aber irgendwann muss man die Dinge sehen, wie sie sind. Glaub mir Ayşe, wir haben uns nur noch angewidert.« Was war passiert? Warum ekelten sich Donagh und Catherine plötzlich voreinander?

Der Körper spricht die Sprache der Liebenden.

Der Körper lässt sich nicht manipulieren. Vielleicht ist der Sex ein unbewusster Beziehungs-Barometer? Es geht nicht um die reine Penetration, wenn ich von Sex spreche. Es geht um die vielen kleinen Dinge, die Liebe ausdrücken: die begehrlichen Blicke, das Kuscheln auf dem Sofa und jemand, der sich um einen sorgt. Die meisten langjährigen Beziehungen dauern an, weil zwei Menschen nicht voneinander loskommen. Vielleicht aus Gewohnheit oder aus Angst vor dem Alleinsein. Wenn aber Mann und Frau wie Bruder und Schwester nebeneinander her leben, es also weder Zärtlichkeit noch Sex zwischen ihnen gibt, ist ihre Liebessprache möglicherweise für immer verstummt. Die Anziehungskraft zwischen zwei Menschen geht nicht zwangsläufig verloren, nur weil man lange zusammen ist. *Die Frage ist nur, was hält diese Anziehungskraft aufrecht?* Ist es vielleicht so, dass Kismet, Schicksal oder Bestimmung uns lenken, wenn wir einander dauerhaft begehren?

Eine Bekannte, die seit vierzig Jahren mit ihrer Jugendliebe verheiratet ist, verriet mir einmal *ihr* Liebesgeheimnis: »Eheprobleme sind Probleme, die gelöst werden müssen«, sagte sie. »Wenn ich hungern würde, würde ich nicht sagen: Nun, vielleicht höre ich einfach auf zu essen. Ich würde Essen suchen. Ich würde es stehlen, wenn ich müsste! Ich will damit sagen, dass man sich für seinen Partner interessieren sollte. Mein Mann liebt Fußball und ich die Lyrik. Ab und zu gehe ich mit ihm ins Fußballstadion und er hört mir mit voller Aufmerksamkeit zu, wenn ich ihm meine Gedichte vortrage. Sowas schafft Intimität und Intimität Lust. Das ist unser Geheimnis!«

DOPPELLEBEN

Wir müssen andauernd Entscheidungen treffen. Von der Wahl des Shampoos bis hin zur Entscheidung, ob wir unser Glück in einem anderen Land suchen sollten. Dann gibt es Entscheidungen in Liebesdingen. Paare, die sich nach etlichen Jahren des Zusammenlebens für das *Ja-Wort* entscheiden, landen genau so oft vor dem Scheidungsrichter wie Menschen, die im allergrößten Liebestaumel heiraten. Sie sind von ihren Gefühlen derart überwältigt, dass sie keinen Grund sehen, länger zu warten. Sie wollen endlich aus dem Liebeskarussell aussteigen.

Dann gibt es noch diese furchtbare Situation, wo man sich zwischen zwei Menschen entscheiden soll …

Lydia war fast zwei Jahre mit René zusammen, der ein Doppelleben führte. Da war seine langjährige Verlobte Susanne im Schwarzwald und Lydia hier in München. Als das Kartenhaus zusammenbrach, litten natürlich alle drei.

Nach einigen Monaten traf ich René zufällig in der Stadt. Vor mir stand ein gebrochener Mann: Er konnte nicht begreifen, dass er plötzlich ganz alleine da stand. Er sagte, er könne nicht verstehen, dass seine Verlobte Susanne mit ihm nichts mehr zu tun haben wolle. Lydia erwähnte er mit keinem Wort. Ich musste mich schon zusammenreißen, um ihm nicht die Meinung zu sagen. Zumal Lydia ihn wirklich sehr liebte und an eine gemeinsame Zukunft geglaubt hatte. Ich glaube, dass die Sache anders verlaufen wäre, wenn René von Anfang an mit beiden Frauen ehrlich umgegangen wäre. Wer weiß, vielleicht hätten die Frauen sich trotzdem auf ein Dreiecksverhältnis eingelassen.

Warum führen Menschen ein Doppelleben?

Psychologen behaupten, ein Bigamist habe das Gefühl, dass es nicht möglich sei, all seine Bedürfnisse von einer Person erfüllt zu bekommen. Es handle sich meist um Menschen, die weder erfolgreich noch glücklich seien. Sie lebten in zwei getrennten Welten, gefangen in einem Geflecht aus Lügen, Scham und Schuldgefühlen. Sie entwickelten zwei verschiedene Selbst, die völlig gegensätzlich handelten.

René war nach seinem Theologiestudium nach München gezogen, um eine Umschulung zum Grafikdesigner zu machen, weil er an seinem Heimatort keine Stelle als Theologe finden konnte. In München angekommen, lernte er die lebenslustige Lydia kennen, die im Gegensatz zu seiner Verlobten Susanne ihre Sexualität frei und ungezwungen auslebte. Bei seiner Verlobten war er der brave Gottesmann und bei Lydia der experimentierfreudige Teufelskerl. René spielte mit gezinkten Karten. Er hatte für jede Situation eine Ausrede parat. Wenn es sein musste mit gefakten Fotos *(von angeblichen Schulungen etc.)* oder E-Mail-Adressen. Als Lydia nach dem Tod seines Vaters nicht zur Trauerfeier mitdurfte, wollte sie wenigstens einen Kondolenzbrief an seine Mutter schicken. »Am besten, du schreibst ihr eine E-Mail«, schlug René vor, und so unterhielten die beiden »Frauen« eine distanzierte, aber freundliche Konversation über viele Monate. Es muss nicht erwähnt werden, dass hinter der Mutter René höchstpersönlich steckte.

Ich glaube, wenn wir von Menschen hören, die wie René ein Doppelleben führen, fragen wir uns, wie ein Mensch nur so verlogen und hinterlistig sein kann. Aber wenn wir ehrlich sind, haben *auch wir* ausgefallene Fantasien. Fantasien von Szenen, die normalerweise harmlos sind und selten Wirklichkeit werden. Der entscheidende Punkt ist jedoch, dass wir in unserer Fantasie Autor und Regisseur dessen sind, was geschieht. In unserem Kopf können wir die Figuren wie Marionetten führen und den Schalter nach Belieben ein und ausschalten, ohne andere zu verletzen. Aber das Wichtigste: Wir sind nur für uns selbst verantwortlich und spielen nicht mit den Gefühlen anderer!

DIE HARAKIRI-METHODE

Wer denkt, dass man weniger unter einer Trennung leidet, wenn man älter ist, der irrt sich. Man gewöhnt sich *nie* daran! Wenn einem jemand das Herz gebrochen hat, lässt es sich nicht einfach mal schnell reparieren, indem man in den nächsten Klub zieht und sich einen neuen Lover zulegt. Es kann sein, dass der Neue dem Ego schmeichelt, schließlich wollen wir Frauen begehrt werden, aber in stillen Stunden kommt die Sehnsucht nach dem Ex umso kraftvoller zurück. Es gibt Leute, die behaupten, dass man nicht ganz normal sei, wenn man zu lange unter einer Trennung leide. Es ist da von Sucht die Rede. »Du musst ihn vergessen!«, heißt es. Stimmt das? Ist man verrückt, nur weil man an eine Liebe glaubt, die andere für tot halten?

Ich kenne da ein Pärchen. Julia, 21, Sekretärin, spontan und etwas verrückt, wie sie sagt und Florian, 27 Bankangestellter, kannten sich eigentlich schon ihr ganzes Leben lang. Anfangs war er es, der um Julia kämpfte. Sie machte es ihm nicht leicht, er war so gar nicht ihr Typ, doch irgendwann fand sie in ihm das, was sie so sehr brauchte: Beständigkeit und ein richtiges Zuhause.

Die Beziehung bekam ihren ersten Bruch, als es in beiden Herkunftsfamilien wiederholt zu Reibereien kam und das Paar sich nur schwer heraushalten konnte. Als dann Florians Mutter psychisch schwer erkrankte, wurde ihre junge Liebe auf eine harte Probe gestellt. Florian hatte sich immer auf seine Mutter verlassen können, während sein Vater nur auftauchte, wenn er Geld brauchte. Seine Mutter hatte praktisch ihn und seinen älteren Bruder alleine großgezogen. Nun war diese starke, freiheitsliebende Frau schlagartig in sich zusammengebrochen. Florian verlor den Boden unter seinen Füßen und war für seine Freundin lange Zeit seelisch abwesend. Er sagte einmal, er fühle sich wie ein alter Mann, der über Nacht all seine Lebensfreude verloren hatte. Als dann noch sein geliebter Hund Bärli starb, rutschte er vollends ab.

Irgendwann, als er glaubte, sich einigermaßen von den Strapazen der letzten Monate erholt zu haben, betrog Julia ihn mit seinem älteren Bruder. Er brach sofort mit seinem Bruder und warf Julia hinaus.

Julia war sich dessen bewusst, was passiert war und wo ihre Verantwortung lag. Auch fühlte sie Scham für das, was passiert ist, aber sie war der Ansicht, dass zum Fremdgehen immer zwei Menschen gehörten. Und ja, es war seine Wohnung, doch es war auch ihr Zuhause gewesen. Für Julia war diese Wohnung nicht nur eine Bleibe, sie war ihre geliebte Höhle, ihr Rückzugsort. Diese Wohnung gab ihr Halt und Schutz, wenn es draußen in der Welt zu kalt für sie wurde. Als sie zu Florian gezogen war, hatte sie ihm erzählt, dass ihre Mutter sie nach jedem Streit hinausgeworfen habe. Dies war ihr wundester Punkt! Julia vertrat die Meinung, dass zwischen ihnen absolute Ehrlichkeit herrschen müsse, wenn ihre Liebe überleben sollte. Deshalb hatte sie ihm die Sache mit dem Bruder gebeichtet. Vermutlich hätte er es nie erfahren! Warum also bestrafte er sie nun auf diese grausame Weise? Das mit dem Bruder war eine einmalige Sache gewesen und beide hatten es fürchterlich bereut. Sie appellierte an sein Herz, sie sagte, dass niemand unfehlbar sei und sie sagte, dass sie sich jetzt nicht aufgeben sollten.

Wenn sie dies alles gemeinsam durchstehen würden, würde ihre Liebe daran erstarken. Florian konnte sie nicht hören. Er konnte weder sie noch sich selbst verstehen.

Irgendwann gab sie ihn auf.

Florian wurde für einige Zeit krankgeschrieben. Die Ärztin schlug ihm vor, den Tag in kleine Einheiten einzuteilen: spazieren gehen, Kleinigkeiten im Haushalt machen, in ein Café gehen, Freunde anrufen. Es sei wichtig, so sagte sie, dass er an schönen Dingen festhalten könne, ganz gleich, wie klein sie waren. Ihre Worte erreichten ihn nicht. Florian verließ das Haus nur dann, wenn es unbedingt sein musste und spielte irgendwelche Games oder schlief und trank. Julia ging dafür ständig feiern und nahm Partydrogen. Nach außen schien sie mit ihrem neuen Leben zufrieden zu sein. Sie wohnte bei ihrer Tante in München und hatte durch einen neuen Job genug Ablenkung. Doch eines Tages, völlig unerwartet brach sie zusammen. Sie hatte den Schmerz über das Scheitern ihrer Beziehung und die Schuldgefühle, die sie wegen ihrer Untreue verspürt hatte, verdrängt. Ihre Sehnsucht nach Florian stieg ins Unermessliche …

Was kann man tun, wenn der Partner einen nicht mehr will?

Eine meiner Freundinnen, nennen wir sie Lilly litt ewig darunter, wenn ein Kerl sie abserviert hatte. Sie glaubte, wenn sie nur lange genug auf ihn warten würde, würde er zurückkommen. Erst hing sie an der *Astrologie-Nadel*, dann suchte sie diverse Magier auf, die von seriöser Partner-Zusammenführung und Stärkung des unsichtbaren Liebesbandes sprachen. Lilly glaubte und zahlte. Ein

Ertrinkender hängt sich auch einer Schlange um den Hals, sagt man.

Meine beste Freundin Beate dagegen, war in diesen Dingen viel zu ungeduldig. Sie wollte Klarheit und zwar so schnell wie möglich. Also ließ sie sich von einem Mann so oft wegschicken, bis sie kapiert hatte, dass er sie *wirklich* nicht mehr wollte. Sie nannte es die Harakiri-Methode. In der Liebe genügt Deutlichkeit scheinbar nicht! Woran liegt das? Ist es diese berühmte Hoffnung, die zuletzt stirbt? Beate zum Beispiel brauchte das; sie brauchte diese Zurückweisungen, den Arschtritt, wie sie es nannte, um endgültig loslassen zu können. So oder so.

Was dann kommt, kennt jeder.

Diese Wolken verhangenen Tage, dieses Gefühl, nie wieder einen Menschen finden zu können, der so war wie er. Die Sehnsucht nach der gemeinsamen Zeit, das Verlangen nach dem vertrauten Körper. Selbst das, was man nicht liebte, vermisst man plötzlich. Man hat das Gefühl, die Stunden zählen zu müssen, damit endlich die Zeit vergeht und der Kummer nachlässt. Man entsorgt seine Geschenke, meidet die Orte, wo man zusammen glücklich gewesen war und sucht Zerstreuung im Internet. Und dann, wenn man meint, man fange wieder an, man selbst zu sein, kommt völlig unerwartet ein Rückfall. Meist ist es ein Song, der einen ungehindert dort hin katapultiert, wo der Schmerz am größten ist. Es ist dieser besondere Ort, der noch Jahre später Menschen antriggern kann. In der Literatur als *Madeleine-Effekt* bekannt, wo der Romanheld mit nur einem einzigen Duft in die Vergangenheit zurückgetragen wird, als wäre es erst gestern gewesen.

Von Kindesbeinen an hören wir, dass wir einzigartig sind. Und irgendwann, wenn uns der Mann, den wir vom ganzen Herzen lieben, sagt, wir seien für ihn die EINE, glauben wir es ihm. Vielleicht ist dieser Glaube der Grund, warum wir nicht begreifen können, nicht mehr die EINE zu sein. Liebesentzug, Loyalitätskonflikte, Untreue, Streitereien, selbst eine längere Beziehungspause können wir verkraften, aber nicht dieses *Für-immer-vorbei-sein-Ding*. Wir wollen nicht, dass er uns meidet, wir fühlen uns wie kleine Kinder, die von ihren Eltern ausgesetzt worden sind. Wir fühlen uns wie Hänsel und Gretel. Ausgestoßen. Ungeliebt. Verloren.

Eines Tages erhielt ich eine Nachricht von Julia. Ob ich zu Hause sei. Sie und Florian wollten kurz vorbei kommen. Auf einen Çay. »Klar«, schrieb ich zurück. »Kommt vorbei! Ich freu mich auf euch beide!«

Wir saßen auf meiner Terrasse und tranken türkischen Tee und redeten über belanglose Dinge. Die beiden waren derart verkrampft, dass es selbst für mich kaum auszuhalten war. Ich konnte ihren Schmerz förmlich spüren. Ich glaube, jeder, der die beiden näher kannte, konnte das. Ich fragte Florian, was er sich von Julia wünsche.

»Ich kann ihr nicht mehr vertrauen«, sagte er und senkte den Blick.

Ich sah zu Julia hinüber, die sich hektisch eine Zigarette anzündete und ständig an ihr zog, sie schien sie kaum aus dem Mund zu nehmen. »Gibt es etwas, was sie tun könnte, damit es dir leichter fällt wieder Vertrauen aufzubauen?«, fragte ich vorsichtig.

Florian warf Julia einen flüchtigen Blick zu. »Sie entschuldigt sich ständig, aber das ist nicht das, was ich hören will.«

»Ihr trefft euch noch und ihr geht gemeinsam einkaufen. Das heißt doch was«, sagte ich und machte eine kurze Pause. Dann wandte ich mich Julia zu und sagte betont langsam: »Julia, ich glaube, Florian möchte verstanden werden. Richtig verstanden werden. Verstehst du, was ich meine?«, fragte ich. Julia antwortete nicht. Sie schwieg. »Das Verzeihen beginnt mit dem Verstehen«, fuhr ich fort. Julia und Florian senkten gleichzeitig den Kopf. »Darf ich euch einen Tipp geben?«, fragte ich so sanft ich konnte. Sie nickten leicht und sahen mich erwartungsvoll an. «Julia, versuch bitte Florian zu beschreiben, worin *seine* Verletzung liegen könnte. Das ist kein Ratespiel. Es ist wichtig, dass er dir hilft, ihm nahe zu kommen.« Ich schwieg kurz, dann sagte ich: »Florian, bitte versuch dich in Julia einzufühlen. Was glaubst du, waren ihre Beweggründe für den Seitensprung?« Florian hob den Kopf. Sein Blick war jedoch immer noch auf den Boden gerichtet. »Es geht nicht darum«, fuhr ich fort und sah abwechselnd meine jungen Freunde an. »Irgendein Verhalten gut oder schlecht zu finden, sondern zu verstehen, ohne den anderen zu verurteilen. Wir sind Menschen. Wir machen alle Fehler!«, schloss ich meine Rede.

»Es geht um den Blick in …«, begann Florian plötzlich und sah Julia fest in die Augen während er sprach. »In die Seele des anderen.« Nun sah er mich an.

»Ja«, sagte ich. Plötzlich sah ich Florian vor mir, als er fünfjährig meinen Sohn Malik tröstete, weil ihn eine Wespe gestochen hatte und Malik fürchterlich schrie während ich den Stachel entfernte. Auch damals war er so besonnen und klug gewesen.

Julia drückte ihre Zigarette aus, stand auf und ging langsam auf Florian zu. Sie nahm sein Gesicht zwischen ihre Hände und sagte leise: »Ich liebe dich über alles mein Schatz!«

Als sie sich von mir verabschiedeten, spürte ich eine kaum wahrnehmbare Erleichterung, die von beiden ausging. Wenn ihre Liebe groß genug war, würden sie irgendwie wieder zu einander finden. Ich wünschte es ihnen sehr.

Zwei Wochen später rief Julia an und sagte, dass sie Florian einen Heiratsantrag machen wolle? »Was meins du dazu?«, fragte sie mich. Ich war hin und her gerissen. Sollte ich ihr davon abraten oder war das Julias Art, um Florian zu kämpfen. Natürlich ist ein Heiratsantrag immer eine Mordsschmeichelei und wenn man den anderen vom ganzen Herzen liebt, kann es keine schönere Frage geben. Allerdings ist ein Heiratsantrag als Beziehungskitt genauso fraglich wie ein plötzlicher Kinderwunsch. Wer weiß, vielleicht verlangen große Lieben große Gesten?

Das mit den beiden ist nun eine Weile her.

Julia hat inzwischen *ihre* große Geste gezeigt. Sie hat um Florians Hand angehalten und er hat »Ja!« gesagt.

DER KOLLEGE

Es ist eines dieser warmen Oktobertage, wo man die letzten Sonnenstrahlen bei einer Tasse Kaffee im Freien genießen möchte, bevor der Winter endgültig hereinbricht. Mein Sohn Malik und ich sitzen in eines der Schwabinger Cafés und schlürfen unsere heiße Schokolade.

»Hi Ayşe, was machst *du* denn hier?«

Wie aus dem Nichts steht ein hochgewachsener, kräftig gebauter Mann vor uns. Ich muss mich ganz schön strecken, um ihm ins Gesicht sehen zu können. »Heeey … hallo …«, stammele ich in die Sonne blinzelnd. Peinlich, mir fällt sein Name nicht ein. Er ist definitiv ein Kollege. Einer von den Netten. Glaub ich.

»Michael«, sagt der Kollege und beugt sich zu mir herunter. »Ich kann mir Namen normalerweise auch nicht merken … aber Ayşe ist so exotisch!« Michael setzt sich breitbeinig auf den zierlichen Stuhl zwischen Malik und mir und sieht sich um. Als sein Blick wieder bei uns landet, fragt er: »Und, wer ist der junge Mann hier?«, Michael deutet auf meinen Sohn, der weltvergessen in sein Manga starrt.

»Das ist mein Sohn Malik«, sage ich etwas zu laut.

Malik blickt auf, sagt »Hallo« und steckt seinen Kopf wieder in sein Heftchen.

Michael und ich unterhalten uns über die Arbeit und das Wetter und ein wenig über Fußball. Bis er die unvermeidliche Frage stellt: »Und … Ayşe, bist du noch Single?«

Mir gefällt nicht, wie er *noch* sagt!

»Und … Michael … bist du *noch* Single?«, frage ich zurück. Es war Sonntag und er war alleine unterwegs, also bitte!

»Ich? Ja … ja, ich bin Single«, sagt er mit tiefem Bass und schaut mir direkt in die Augen.

Dann schweigen wir eine Weile. Es ist ein peinliches Schweigen.

»Und … suchst du jemand Bestimmtes?«, frage ich tonlos. Toll, jetzt hatte ich ihm auch noch eine Vorlage geliefert.

»Na ja, ich gehe ganz gerne in eine Bar. D a s ist der richtige Ort«, sagt Michael und sitzt noch breitbeiniger da.

Ich nicke. Ich habe jedoch keine Ahnung, was er damit meint.

»Natürlich nur in eine Bar, wo richtig schöne Frauen sind … oder ins P1 … da kann man sicher sein, dass überwiegend junge Frauen da sind«, sagt Michael und winkt der Kellnerin zu. »Nichts für ungut Ayşe!«

Meine Lippen werden dünner.

Michael bestellt sich ein Bier und schaut der Kellnerin mit Kennerblick hinterher. »So eine zum Beispiel«, sagt er mit vorgehaltener Hand. »Die würde ich nicht von der Bettkante stoßen!« Michael lacht laut auf, wirft den Kopf in den Nacken. Er erinnert mich an Hoss Cartwright aus Bonanza, der eigentlich total nett ist. »Hm« mache ich und schiele auf meine Armbanduhr.

»Und wie sucht Madame ihren Traummann?«, fragt Michael und hebt eine Augenbraue. Dieser Blick wirkt einstudiert.

Plötzlich erinnert er mich an meinen Geschichtslehrer aus der Abiklasse. Herr Kluys Habitus war der eines Mannes aus dem vorletzten Jahrhundert, so mit Zylinder, dreiteiligem Anzug und

Uhrenkette. Natürlich trug Herr Kluy keinen Zylinder, aber er hatte einen Kaiser-Wilhelm-Bart, den er genüsslich zwischen seinen Fingern zwirbelte, während er im Klassenzimmer auf und ab ging, gelegentlich aus dem Fenster sah und rot anlief, wenn ein besonders hübsches Mädchen sich meldete.

»Na ja«, sage ich. »Du weißt doch, dass es den Traummann nicht gibt ... Aber wenn du es genau wissen willst, Michael, gebe ich eine Anzeige auf, in der Süddeutschen ... nicht dauernd ... aber hin und ...«, sage ich und unterbreche mich selbst, weil Michael plötzlich auf sein Handy schaut. »Ist viel netter und die Männer, die nur an Sex denken, schreiben einem eh nicht!«, beende ich meinen Satz leiser werdend.

Michael legt sein Handy weg. Er spitzt die Lippen, lehnt sich mit gefalteten Händen in seinen Stuhl zurück und lacht plötzlich laut auf. Er schüttelt sich und wirft seinen Kopf so komisch in den Nacken. Malik richtet sich erschrocken auf und wirft mir Blicke zu. Endlich beendet Michael sein Lachflash, wischt sich über die Augen, beugt sich zu mir vor und flüstert mit vorgehaltener Hand. »Das sollte dein Sohn aber lieber nicht hören? Du weißt schon ...« *Nun macht Michael die ekligste aller Gesten. Er bohrt sich mit der Zunge in die Wange.* Mir wird schlecht. »Malik, isst du deinen Kuchen noch auf?«, frage ich meinen Sohn, ich will nicht länger mit diesem Typen an einem Tisch sitzen.

»Ja gleich!«, meint mein Bub und schiebt sich ein riesiges Stück Nusskuchen in den Mund, ohne von seinem Heftchen aufzublicken.

Michael legt die Hände auf den Tisch und schiebt seinen Stuhl zurück. »Du verurteilst mich, hab ich Recht?«, fragt er.

Ich zucke nur mit den Schultern und blicke zur Seite.

»Ich bin nur ehrlich Ayşe. Andere Männer lullen Frauen, besonders *die* in deinem Alter mit billigen Psychotricks ein.

Sorry, dass ich da *dich* als Beispiel nehme. Aber diese Kerle haben keinerlei Hemmungen zu lügen. Das *ich liebe dich,* rutscht ihnen aus dem Mund, wie bei anderen Leuten ein *hallo* und ein Heiratsantrag ist für sie der Retter in der Not, wenn die Dame einmal allzugroße Zweifel meldet. Das sind Männer, die für gewöhnlich kein Einkommen haben und sich eine Frau mit Job krallen, und sie bekommen alles. Liebe, Sex, ein warmes Essen und irgendwann auch Geld.«

Das mit dem »Frauen in deinem Alter« verletzt mich schon ein wenig. Aber ich muss zugeben, dass in Michaels Stimme keinerlei Herablassung mitschwingt, als er das sagt.

Wir schweigen wieder. Doch diesmal ist es kein peinliches Schweigen.

»Ich weiß, was du meinst«, sage ich. »Ja, und du hast Recht. Männer, die Frauen ausnutzen, sind das Letzte. Das gilt natürlich auch umgekehrt ... also ...«

»Wie Werner«, sagt plötzlich mein zwölfjähriger Sohn. Er blickt kurz von seinem Heftchen auf.

»Ja und nein«, werfe ich ein und staune nicht schlecht. Man sollte die Auffassungsgabe von Kindern nicht unterschätzen. »Werner war eigentlich kein schlechter Mensch, Schatz ...«, sage ich.

»Ich weiß Mama«, sagt mein Sohn und lächelt mir zu. Gott, wie sehr ich dieses Kind liebe!

»Ich habe auch einen Sohn«, sagt Michael an Malik gerichtet. »Er ist so in deinem Alter und er hat richtig coole Jugi-Oh-Karten. Ihr könnt uns ja mal besuchen kommen. Deine Mama und du.«

Maliks Augenbrauen klettern bis zum Haaransatz. »Cool«, sagt er und grinst breit.

»Cool«, wiederhole ich. »Das machen wir gerne Michael.«

Aus Michael und mir ist natürlich kein Paar geworden. Ich stehe auf andere Männer. Und er auf andere Frauen. Aber er war *er* und ich war *ich*. Mit Michael hatte ich einen Freund gefunden, der so ganz anders war als die meisten Männer, die ich kannte. Michael steht zu dem, wie er ist. Und er sagt mir die Wahrheit. Er biegt mir den Kopf von Zeit zu Zeit zurecht, wenn ich mal wieder völlig gaga bin, weil ein Mann im Anmarsch war. Ich muss sagen, dass er der einzige Mann ist, den ich auch heute noch anrufen würde, wenn ich die ganze Wahrheit hören will und nichts als die Wahrheit ...

WIR SIND NICHT AUSTAUSCHBAR!

Als mein Vater meine Mutter verließ, war ich knapp dreißig. Meine Mama war zeitlebens nur mit ihm zusammen gewesen. In ihrer Welt gab es keine Trennungen, keine Affären und kein Aufgeben. Für sie gab es nur die Familie, Arbeit und Pflichterfüllung.

Heute bin ich im Alter meiner Mutter, als *sie* plötzlich Anfang fünfzig alleine da stand. Sie hat hart gearbeitet. Mein Vater auch. Meine Eltern haben ihr gesamtes Erspartes für uns ausgegeben. Für ein Haus mit vier Stockwerken in der alten Heimat. Nun hängt sie in Deutschland fest, *dem* Land, das ihr so lange fremd geblieben war und nun ihr *den* Halt gibt, den er ihr entzogen hatte. Mein Vater hat wieder geheiratet. Seine Frau ist dreißig Jahre jünger. Er hat mit ihr sieben Kinder und lebt in der Türkei.

Viele Männer tauschen ihre Frauen gegen Jüngere aus. Das haben sie schon immer getan, nur war es im ländlichen Bereich *(früher)* die Magd, in der Stadt oft die Sekretärin. Nun können es sich auch Frauen leisten, ihre von Potenzproblemen geplagten Ehemänner gegen junge Kerle auszutauschen. Ich mache mich darüber nicht lustig. Im Gegenteil …

Was steckt dahinter, wenn Menschen ihren Partner verlassen, mit dem sie jahrelang zusammen gelacht, gekämpft, geweint und geträumt hatten?

Ist es die Angst vor dem Älterwerden – im weitesten Sinne, die Angst vor dem Tod? Verlassen zu werden, ist immer bitter, ganz gleich, wie alt man ist. Das Herz versteht schnell: Es weint, es schmerzt, es blutet. Doch der Verstand hinkt wie immer hinterher! Der Verstand kann nicht wahrhaben, dass der Mensch, der noch gestern einen auf diese Art angesehen hat, nun nichts mehr von einem wissen will. Wir sind nicht dazu gemacht, zu verstehen, dass wir austauschbar sind. Und es wird immer wehtun. Die Tränen einer Sechzehnjährigen unterscheiden sich nicht von den Tränen einer Hundertjährigen.

Was soll man denn tun, wenn Herz und Verstand unterschiedliche Wege gehen? Soll man dem geliebten Menschen hinterherlaufen und somit das geschundene Herz noch mehr belasten? Oder soll man sich in ein neues Abenteuer stürzen, sich gesund pflegen lassen, wissend, dass der neue Partner immer nur eine Übergangsliebe sein wird?

Es gibt kein richtig oder falsch nach einer Trennung.

Jede Trennung ist anders wie jede Liebe auch. Ob man nun sein verletztes Herz pflegt und für eine Weile aus dem Liebes-Karussell aussteigt oder sich gleich wieder in eine neue Liebe stürzt, ist wahrscheinlich egal. Es wird wehtun. Man wird den Partner höllisch vermissen, egal, wer mit wem Schluss gemacht hat. Man wird zweifeln. Man wird hoffen. Hoffen, dass er zurück kommt. Denn neben Herz und Verstand ist da noch die Seele und die kennt weder Raum noch Zeit. Sie merkt sich alles! Die Seele hat eine gute

Freundin namens Liebe. Man muss nur Geduld haben. Sie wird kommen. Diese eine Liebe, die bei einem bleibt.

VON BLÜTE ZU BLÜTE

Mal ehrlich, was die Liebe betrifft, sind wir doch die meiste Zeit völlig gaga und eher unglücklich als glücklich. Sie wissen, was ich meine? Nein? Manche Frauen schlittern von einer Beziehung in die nächste. Nach der obligatorischen Dreimonatsglückseligkeit werden sie erneut mit Eifersuchts- oder Nähe-Distanz-Problemen zu kämpfen haben.

Schlimm? »*Überhaupt nicht*«, *sagt Beate.* »*Ich liebe es, mich neu zu verlieben. Ein Leben mit nur e i n e m Mann wäre für mich die Hölle!*«

Auf der anderen Seite ist da die Spezies Frau, die kurz vorm Abi Heiratspläne schmiedet und ganz nach Plan mit neunundzwanzig heiratet und mit einunddreißig ihr erstes Baby im Arm hält *(ich weiss schon, dass sind sind stereotype Bilder von Frauen und Männern)*. Ein Loser als Ehemann kommt für sie natürlich nicht infrage. Ein Leben in Eintracht und Sicherheit sind für sie das Wichtigste. Wenn Probleme auftauchen, werden sie großzügig unter den Teppich gekehrt und nur bei Alarmstufe rot ein Eheberater aufgesucht, der das Leck möglichst schnell reparieren soll. Wenn der Eheberater nicht zieht, sucht man sich halt den Nächsten. Das klappt sicherlich eine Weile ganz gut, schließlich hassen Männer nichts so sehr wie den Verlust ihres Nestes ganz zu schweigen von ihrer Angst, ihre Kinder nicht mehr um sich haben zu können. Doch wie so oft sucht sich die Wahrheit ihren eigenen Weg. Wenn es sein muss in Form einer Affäre.

»Tja, wenn man in der Liebe kein Risiko eingehen will, ganz gleich, ob als Dauer-Single oder Ehe-Fan, muss man halt alleine bleiben!«, meint die beste aller Freundinnen.

Die Zeiten, als man mit fünfzig zu alt war, um einen neuen Partner zu finden, sind endgültig vorbei. Und Ehen, die nicht durch Affären dahin gerafft werden, sterben irgendwann an einer Universal-Krankheit, die sich Auseinander-gelebt-Haben nennt, was immer das auch bedeutet! Selbst Achtzigjährige rennen zu Scheidungsanwälten, weil sie den Partner an ihrer Seite nicht mehr ertragen können! Aus der Ü-30-People der 1990-er ist längst eine hippe Bestager-Generation herangewachsen, die lieber Single-Events abklappert, als sich um ihre Enkelkinder zu kümmern. Die Golden Girls aus den 1980-Ern waren ihrer Zeit weit voraus. Da haben vier ältere Single-Frauen die Welt mit ihren Liebes-Eskapaden gleichermaßen unterhalten wie schockiert. Mittlerweile hat es sich herum gesprochen, dass auch Senioren Sex haben und dank Viagra und Gleitgels niemand mehr seine Libido zu Grabe tragen muss.

Was aber bleibt, ist das Dilemma mit der Attraktivität.

Ich sehe mittlerweile älter aus als Jane Fonda und Cher, die meine Mütter sein könnten. Aber hey, dafür kann ich von einem Ohr zum anderen grinsen, weil meine Haut nicht spannt. Da wären wir wieder beim Mega-Thema Schönheit. Wenn uns Frauen die Argumente ausgehen, glauben wir, dass es an mangelnder Schönheit liegt, wenn wir für Männer unsichtbar werden. »Irrtum«, protestieren die Männer. Sie sagen, dass eine Frau nicht unbedingt schön sein müsse, solange sie eine gute Ausstrahlung habe. Glauben Sie das? Ich nicht. »Schönheit ist gar ein willkommener Gast«, sagte schon Goethe. Selbst Babys schauen hübsche Betreuerinnen lieber an als die »Greislichen«. Tja, mit Schönheit öffnet man vielleicht Türen aber nicht Herzen.

Und wie geht es den jungen Leuten?

Da hat sich nicht so viel geändert: Es gibt nach wie vor zwei Lager. Da sind einmal die Leute, die im Hier und Jetzt ihr Leben leben, als gäbe es kein Morgen *(ich war so jemand!).* Und die »Tanzkursheinis« *(verzeihen Sie bitte diesen Ausdruck, er dient nur zur Verdeutlichung),* die mit ihrem ersten festen Job einen Bausparvertrag abschließen. Die sitzen dann mit fünfzig bei Kaffee und Kuchen auf ihrer Vorstadt-Reihenhaus-Terrasse und bemitleiden uns, die dazu verdammt sind, sich einem immerwährenden Paarungstanz hinzugeben, von einer Wohnung in die andere zu ziehen und somit ein Vermögen auf die Straße werfen. Okay, das ist nur die halbe Wahrheit und völlig überzogen, aber die Tanzkursheinis leben heimlich das gleiche Leben wie die Single-Heinis, auch sie balzen ihr Leben lang, aber eben heimlich mit der Frau des Nachbarn vielleicht oder ihrer Internet-Liebe.

Ich glaube, ich bin jetzt ganz vom Thema abgekommen.

Ich wollte eigentlich der Frage nachgehen, ob Beate die beste aller Freundinnen, Recht hat, wenn sie sagt, dass es sich schöner lebt, wenn man von Blüte zu Blüte hüpft.

Vielleicht, vielleicht auch nicht. Das Herz hat jedenfalls irgendwann die Schnauze voll von der Flatterhaftigkeit und weicht Amors Pfeilen aus. Doch Amor gibt nicht auf und trifft meine Beate immer wieder. Zu ihrem Glück!

BINDUNGSANGST

Kilian und Magdalena lernten sich an der Uni kennen. Magdalena ist süß, intelligent, treu und steht voll und ganz hinter Kilian. Doch Kilian träumt insgeheim von einer anderen Frau. Er hat das Gefühl, dass irgendwo auf dieser Welt eine Frau lebt, die sehr viel besser zu ihm passt. Von Kilians ambivalenten Gefühlen ahnt Magdalena nichts ...

Was würde sie tun, wenn sie es wüsste?
Ihn verlassen?

Zwischenzeitlich werden Kilian und Magdalena von Freunden und der Familie mehr oder weniger offen dazu gedrängt, doch endlich Nägel mit Köpfen zu machen und zu heiraten.

Neulich hat Kilian mir seine Sorgen anvertraut und mich gefragt, was ich in seiner Situation tun würde. Früher hätte ich ihm geraten, mit ihr zu reden oder in eine Männergruppe zu gehen, doch diesmal fand ich keine tröstenden Worte.

»Du bist doch sonst nicht um eine Antwort verlegen«, stellte Kilian fest.

Ich musste lachen. »Ich erzähl dir eine Geschichte, sagte ich. »Ich warne dich, sie ist ein wenig lang.«

Kilian lachte. »Ich höre.«

Ich erzählte ihm die Geschichte von einer Frau, die ihr Leben lang davon geträumt hatte, ein eigenes Pferd zu besitzen. Doch diesen Traum gab sie schließlich auf, nachdem ihr Mann gestorben war, immerhin musste sie drei Kinder alleine durchbringen.

Eines Tages stand plötzlich ein Vogelkäfig mit zwei Nymphensittichen vor ihrer Haustüre. Einer war gelb, der andere grau. Die Nymphensittiche waren nicht beringt, also konnten sie keinem Besitzer zugeordnet werden. Die Frau nannte die Vögel Stan und Olly und baute ihnen eine schöne, große Voliere mit einem echten Baum in der Mitte zum Klettern. Die Türe der Voliere stand Tag und Nacht offen. Leider waren die Flügel von Stan und Olly von ihren Vorbesitzern gestutzt worden, sodass sie eine Zeit lang nicht fliegen konnten. Aber die Flügel wuchsen schnell nach und es war eine Freude, ihnen beim spielen, klettern und baden zuzusehen. Besonders Olly liebte es zu baden und schwamm in seiner kleinen Badewanne hin und her wie ein Entlein. Stan dagegen ging lieber mit Frauchen duschen. Die Kinder liebten sie und die Frau genoss es, wenn ihre Federbälle rechts und links auf ihrer Schulter hockten und ihr bei den Hausarbeiten zusahen. Nur beim Backen musste sie aufpassen, damit Olly, der sehr neugierig war, nicht in den Teig fiel. So vergingen die Jahre und die Kinder zogen nacheinander aus. Als die Frau eines Tages sehr viel Geld erbte, fragten die Kinder, ob sie sich nun ihren Traum vom eigenen Pferd erfüllen wolle. Die Frau sah ihre kleinen Lieblinge an, die mittlerweile fünfzehn Jahre bei ihr lebten und sagte: »Nein … Ich habe Olly und Stan. Kein Pferd der Welt könnte sie mir ersetzen.«

Kilian schluckte, als ich die Geschichte zu Ende erzählt hatte. »Du meinst, dass man *das* lieben wird, was man hat … Du meinst, wenn wir heiraten und eine glückliche Ehe führen, werde ich die Sehnsucht nach einer anderen Frau verlieren?«

»Ich weiß nicht«, sagte ich. Ich saß auf mit überschlagenen Beinen auf meinem Lieblingssessel und wippte mit den Füßen. »Vermutlich würdest du diese Sehnsucht oder sagen wir, dieses Gefühl etwas verpasst zu haben, nicht verlieren. Ich glaube … vielleicht solltet ihr euch … aach, Magdalena hat ein Recht darauf, die Nummer eins zu sein, Kilian.« Wir schwiegen eine Weile. Dann sagte ich: »Entschuldige, ich glaube, ich rede dummes Zeug.«

»Nein-nein, das tust du nicht!«, sagte Kilian. Sein Gesicht wirkte plötzlich nicht mehr so angespannt. »Was hältst du davon, wenn ich einfach mal wegfahre alleine, ohne sie? (*Ich kannte Kilian schon lange. Er war im Alter meines Sohnes und ging als Kind bei uns ein und aus. Hoffentlich hatte ich nicht bei ihm etwas ausgelöst, was er bereuen könnte.*) Eine Interrailreise zum Beispiel. Wollt ich schon immer mal machen … aber wird sie das verstehen? Ich mein, wenn ich mal vier Wochen alleine weg bin.«

»Du weißt ja, wie ich darüber denke«, sagte ich.

Kilian stand auf, ging ans Fenster, zog den Vorhang beiseite, schaute kurz hinaus, machte »hm« und setzte sich wieder zu mir. »Ich weiß, wenn es Liebe ist, wird uns so was nicht auseinanderbringen. Richtig?«

»Ja!« Ich nickte.

»Weißt du was? Ich werde mich mit ihr unterhalten. Aber …«

»Ja?«

»Aber ich muss ihr nicht die ganze Wahrheit sagen, oder?« *Oh Mann, das waren Fragen.* »Weißt du«, begann ich. »Bleib doch einfach bei der Wahrheit Kilian. Redet mal wieder über eure Träume … und Ziele. Weißt, was ich mein? Sie wollt doch immer mal nach Schweden … so als au Pair.«

Kilian nickte und seine Augen leuchteten auf.

Kilian und Magdalena haben zwei Jahre später geheiratet. Ihre Liebe hat *seine* und *ihre* Auslandsreise überdauert. Sie haben sich gegenseitig nicht gefesselt. Kilian und Magdalena hatten sich gegenseitig nicht die Flügel gestutzt. Nur so konnten sie beide fliegen, wie die beiden Nymphensittiche Stan und Olly!

MANCHMAL KANN MAN
EINFACH NICHT VERZEIHEN

Meine Freundin – nennen wir sie Evi – war gefangen in einer Beziehung, die sie mehr und mehr ins Unglück stürzte. Dabei fing alles so vielversprechend an. Sie lernte Tony für heutige Verhältnisse ganz klassisch über das Internet kennen. Sie verbrachten eine herrliche Zeit zusammen: alberten herum, verstanden sich wortlos, sagten, sie seien füreinander bestimmt. Auch ich war sicher: Diese Liebe würde halten.

Nach wenigen Monaten fing Tony an, Evi zu betrügen. Sie verzieh ihm. Bis zum nächsten Mal. Und zum übernächsten Mal. Je häufiger sie ihm verzieh, desto mehr hasste er sie dafür. »Ich will, dass sie mal richtig auf den Tisch haut. Mich raus schmeißt oder sonst irgendwas Verrücktes tut! Ich liebe sie, aber sie tut so, als ob ihr das alles egal wäre. Diese anderen Frauen haben mir nichts bedeutet. Ich habe es nicht einmal genossen«, sagte Tony einmal zu mir. Was er nicht wusste: Hinter der sanften Fassade Evis verbarg sich purer Hass. Die beiden waren gefangen in einem Wirrwarr an Irrtümern und falsch verstandener Liebe.

Wir alle kennen jemanden, dem wir nicht verzeihen können. Mal ist es unser Partner, mal die eigene Schwester, mal der frühere Chef oder eine Erzieherin aus unseren Kindergartentagen. Verletzungen verschwinden nicht im Nirwana.

Wie kommt man aus so einem Dilemma heraus?

Zunächst könnten wir versuchen, unserem Partner zu vermitteln, dass wir ihm gegenüber ambivalente Gefühle hegen *(wie in Evis Fall, die ja Tony gleichzeitig liebte und hasste)*. Die Frage ist nur: Wird er mit diesen schwer fassbaren Gefühlen umgehen können? Wir reden hier von Verletzungen, die dazu geführt haben, dass wir nicht in der Lage sind zu vergeben. Wir sollten unserem Partner vermitteln können, was mit uns passiert ist und warum wir uns derart verletzt fühlen. In Evis Fall könnte es sich um ein passiv-aggressives Verhalten handeln. Immerhin zieht sie es vor, den direkten Konflikt zu vermeiden. Fakt ist: Evi war aus dem Gleichgewicht geraten. Die Evi, die ich kannte, hätte Tony schon längst vor die Tür gesetzt.

Was war hier anders?

Evi und ich telefonierten und ich sagte ihr, dass sie, bevor sie ihre Wut spüren könne, erst einmal sich selbst gut behandeln und Mitgefühl für sich selbst entwickeln müsse. Erst dann werde sie in der Lage sein, ihre Grenzen wahrzunehmen. Als Folge könnte sie Tony sagen, dass es so nicht weiter gehen kann. Denn wenn man sich fortwährend schlecht behandeln lässt, kann daraus sogar Selbsthass entstehen.

Falls Sie ein Gespräch mit ihrem Partner führen möchten, um ihm mitzuteilen, dass Sie sich eine Verhaltensänderung wünschen oder Sie einfach verstanden werden wollen, versuchen Sie bitte einmal Folgendes:

1. Suchen Sie gemeinsam einen Zeitpunkt für Ihr Gespräch aus, wo Sie ungestört miteinander reden können.

2. Lassen Sie den anderen aussprechen und wiederholen Sie das Gehörte so lange, bis der Partner sich von Ihnen verstanden fühlt. Und natürlich umgekehrt.

3. Machen Sie diese Übung immer wieder, auch wenn es sich gestelzt anfühlt. Wenn er sich zum Beispiel darüber beschwert, dass Sie die Milch immer draußen stehen lassen, anstatt sie wieder in den Kühlschrank zu stellen, sollte er Ihnen erklären, warum ihn das so stört. Es ist leichter, etwas umzusetzen, wenn man die Ursache für sein Unbehagen kennt.

4. Falls Sie Angst haben, den Faden während des Gesprächs zu verlieren, machen Sie sich im Vorfeld Notizen. Das hört sich künstlich an, aber ist es nicht besser bewährte Kommunikationstechniken anzuwenden, als Probleme unter den Teppich zu kehren?

5. Wenn Sie einmal keine Lust für ein Zweiergespräch haben, lassen Sie es sein. Diese Dinge sollten aus einer freiwilligen Haltung heraus passieren und nicht, weil es einem jemand diktiert.

Das alles klingt mega-anstrengend, ich weiß! Aber wenn man in der Lage ist, auf diese Weise zu kommunizieren, ist ein Verzeihen möglich, ganz gleich, wie groß die Enttäuschung war.

Verzeihen beginnt mit dem Verstehen.

Geben wir uns und unserem Partner die Chance all das auszusprechen, was ihn dazu gebracht hat so megamäßig sauer auf uns zu sein. So enttäuscht und wütend. Durch unsere Gespräche wird das Erlebte im Idealfall von angenehmen Erlebnissen überlagert werden und das Gefühl der Verletzung nimmt allmählich ab. Natürlich geht das nicht von heute auf Morgen und oft ist es so, dass der Partner der einen verletzt hat *(durch Untreue, Lügen etc.)* irgendwann die Geduld verliert und so die aufkeimende Annäherung leider Gottes wieder zerstört wird. *Beide* müssen es wollen! Wer weiß, vielleicht gelingt das nur, wenn die Liebe füreinander groß genug ist und man der »Next-Mentalität« widerstehen kann. Vielleicht wird man dafür umso reicher belohnt werden ... Vielleicht mit einer Liebe, die ewig hält.

»LOVE TO GO« ODER DAS ENDE DER ROMANTIK

Fast jeder kennt Dating-Apps: Man gibt per Navi seinen Standort ein, blättert in einem Männer/Frauen-Katalog und zackig, wie wir heutzutage sind, werden die Guten nach links und die Nicht-so-guten nach rechts in den Papierkorb befördert. Schneller ging das Balzen noch nie! Während wir noch den süßen Typen mit den dunklen Haaren im geistigen Auge vernaschen, läuft im Hintergrund das Matching. Nur noch ein gegenseitiges *Ja-Wort* und schon es kann losgehen. Kein Frustrisiko und keine virtuellen Körbe. Ich bin entzückt! *So was sollte es auch für Bewerbungen geben. Man könnte sich dadurch die ätzenden Absagen ersparen.*

Okay. Zurück zur App: Also, Auswahl getroffen, Treffpunkt ausgemacht, Lippenstift nachgezogen und schon schlürft man seinen ersten gemeinsamen Cappuccino im Incafé gleich um die Ecke. Das Coole ist, wir Frauen haben keine »Oh-mein-Gott-was-ziehe-ich-an-Krise« und können ihm beim ersten Küsschen auf seine herrlich duftende Wange sagen: »Leider hatte ich keine Zeit, mich schön zu machen.« *(Was, natürlich nicht stimmt, keine Frau würde sich bei einem Date ganz gleich wie spontan er ist, in ihren hässlichsten Klamotten zeigen.)* Und er antwortet weise lächelnd: »Ich steh eh mehr auf natürliche Frauen. Du siehst hübsch aus. Wirklich, sehr, sehr hübsch!« Also alles auf Zucker!

Aber was ist mit den Männern, die uns visuell nicht gleich anspringen?

Wenn man bedenkt, dass man beim Durch-Scrollen einen Mann, der vielleicht perfekt zu uns gepasst hätte, mit einem Wisch in den Dating-Friedhof befördert, kann man doch annehmen, dass uns das Auge manchmal in eine Richtung lenkt, die das Herz nicht versteht. Das einst romantische Rendezvous *(schon, das Wort klingt sexy!)* hat sich zu einer schnellen Porno-Nummer entwickelt, wo man gleich zur Sache kommt und der Morgen danach alles ans Tageslicht bringt einschließlich eines emotionalen Katers. Dass die App mit Methoden arbeitet, die den Anwender süchtig machen kann, weiß jeder und es ist eine Frage der Zeit, bis auch hier eine Übersättigung stattfindet und man eines Tages einen Spaziergang Hand in Hand mit seinem Mädchen aufregend finden wird. Aber so weit sind wir noch lange nicht …

Also gut, schauen wir uns mal die *vermeintlich* positiven Seiten der Dating-Apps an. Wenn man Dating als Projekt betrachtet, lässt sich tatsächlich einiges rationalisieren: Man verabredet sich mit mehreren Männern hintereinander *(das ist bei all dem Styling-Aufwand praktisch)* und die Typen, die uns nicht gefallen haben, werden kurzerhand aussortiert.

Aber warum haben sie uns nicht gefallen?

Wir wissen doch alle, dass man beim ersten Date eben nicht in der Lage ist, sich von seiner besten Seite zu zeigen. Und wer bitte ist denn schon er selbst, wenn er derart unter Druck steht? Um sein Ziel zu erreichen, muss man sich Zeit lassen. Natürlich weiß man, dass man innerhalb von Sekunden erfassen kann, wen man mag und wen nicht. Ich bin der letzte Mensch, der den Instinkt außer acht lässt, aber haben wir uns dank unseres Instinkts nicht immer wieder in die falschen Typen verliebt? Klar, wenn einem der Bauch zubrüllt: »Lass ihn sausen, der hat was Unehrliches an sich!«, dann ist das keine übereilte Entscheidung, sondern die Stimme unseres gesunden Menschenverstands!

Wie lief denn das Dating früher ab?

Man schien für alles mehr Zeit zu haben. Auch für den Sex! Im Film waren die Schnitte weniger hektisch, Storyline und Dialoge oft interessanter und Songs hatten eine gescheite Zungenkuss-Länge. Man machte nicht drei Sachen gleichzeitig *(Fernsehen, Essen, im Internet surfen)* und sah sich selbst Liebesfilme im Kino an; Fummeln und Popcorn inbegriffen.

In Zeiten des Internets hätte ich Axel, den Vater meines Sohnes, nie kennengelernt. Axel und ich wohnten im gleichen Mietshaus und irgendwann sprach er mich in der Toreinfahrt an. Das war ganz normal, wenn man im gleichen Alter war. Uns entging kein (!) potenzieller Liebhaber, weil wir auf Schritt und Tritt auf unsere Handys starren und virtuellen Träumen hinterherjagen mussten. Axel und ich tranken Tee, gingen spazieren und wuschen unsere Wäsche gemeinsam im Waschsalon. Während die Waschmaschine beruhigende Geräusche von sich gab, tranken wir Sekt aus Pappbechern und träumten von der nächsten Interrail-Reise. Irgendwann wurden wir ein Paar. Weil wir uns exklusiv füreinander entschieden hatten. Punkt. Axel ging nach unserem Abend-Spaziergang nicht noch mal schnell ins Internet, wo der Flirtfaktor niemals schläft und eine »bessere« ihm die Flirthand reichte. Nein, er nahm sich Zeit für ein Gefühl, das so nie wieder gefühlt werden würde ... legte eine Pink-Floyd-Scheibe auf und wir genossen den Zauber des Anfangs.

Vielleicht sehe ich das alles falsch und die Liebes-Werbung hat sich gar nicht verändert. Vielleicht haben junge Leute trotz Handysucht und Photoshop ihren Instinkt für das Echte bewahrt.

Allerdings muss ich manchmal schmunzeln, wenn mein 23-jähriger Sohn von den »alten Zeiten« schwärmt und sich über die Jugend von heute auslässt, die das *online* zu *offline* gemacht hätten. Er hätte es damals in den 1990-Ern schöner gehabt. »Wir haben uns ohne WhatsApp auf der Straße getroffen, ein paar Körbe geworfen und später unsere Hausaufgaben ohne *Wikipedia* gemacht. Unser Hype waren *Yugi-Oh-Karten* und die heißeste Frau der Welt war Pamela Anderson. Mannomann, was waren das für geile Zeiten!«

EIFERSUCHT

Im Kleinkindesalter reagieren wir oft mit Weinkrämpfen auf Eifersucht. Im Erwachsenenalter ist das nicht anders, nur dass wir unseren Frust meist mit Alkohol oder anderen Drogen betäuben. Auf dieses Thema hatte mich eine Leserin gebracht. Sie stellte fest, dass in meinem Blog das Thema Eifersucht kaum behandelt wurde. Sie hatte Recht!

Menschen sind erfahrungsgemäß dann eifersüchtig, wenn sie das Gefühl haben, hintergangen worden zu sein, begründet oder unbegründet. Von krankhafter Eifersucht spricht man, wenn die Lebensqualität des Paares durch das besitzergreifende Verhalten des Partners massiv einschränkt wird, obwohl gar keine Untreue vorliegt.

Schauen wir uns das mit der Eifersucht doch mal genauer an.

Vertrauen bildet die Basis für jede gute Beziehung. Da sind wir uns doch einig? Misstrauen wir aber unserem Partner, verletzen wir seine Gefühle und untergraben seine Glaubwürdigkeit. Fragen wir uns doch zunächst einmal, *warum* unser Partner mit uns überhaupt zusammenlebt. Dazu müssen wir ihn nicht mit Fragen löchern. Er spricht die ganze Zeit mit uns. Es sind all die vielen kleinen Dinge, die er aus Liebe für uns tut. Schenken Sie Ihrem Partner Vertrauen. Versuchen Sie es. Wenn Sie aus Angst ihre Beziehung mit überzogener Eifersucht vergiften, wird Ihr Partner früher oder später sich von Ihnen entfernen. Versuchen Sie locker zu bleiben. Sie profitieren langfristig selbst davon.

Was geht in uns vor, wenn wir eifersüchtig sind?

Wir neigen dazu, mit der Zeit unseren Partner herabzusetzen. Wir wollen es nicht, aber wir tun es. Der Eifersüchtige schafft mit falschen Verdächtigungen seine eigene Wahrheit. Eine »Wahrheit«, für die er enorm viel Energie aufwendet. Die (Eifer-) Sucht treibt ihn zu jeder Tages- und Nachtzeit hinaus, um den vermeintlich untreuen Partner zu »überführen«.

Wie viel Eifersucht ist normal?

Ich glaube, jeder weiß genau, wann *er* oder *sie* übertreibt. Die Angst, den Partner zu verlieren, steckt in uns allen drin. Die Frage ist nur, wie wir mit dieser Angst umgehen. Wenn wir anfangen, den Partner zu verhören und ihm hinterher spionieren, stellen wir ihn an den Pranger. Wir nehmen ihm seine Würde. Ja, wir nehmen ihm seine Würde! Wie würden wir uns denn fühlen, wenn *unser* Partner mit *uns* so umgehen würde?

Eifersucht ist ein innerer Kampf.

Ergreifen Sie Maßnahmen, um sich selbst besser kennenzulernen. Wer sind Sie? Was triggert Sie an? Stehen hinter Ihrer Eifersucht ungelöste Probleme aus Ihrer Kindheit? Teilen Sie diese Erkenntnisse dann Ihrem Partner mit. Erklären Sie ihm, was diese Missstimmung auslöst. Ohne Schuldzuweisung und versteckte Anspielungen. Bitten Sie Ihren Partner, Ihnen zu helfen.

Ich habe keine Lösung parat, wie man eine gute Beziehung führen kann. Eifersucht hin oder her. Was mich allerdings schon lange umtreibt, ist das Thema Ehrlichkeit. Ich gehe so weit, dass ich behaupten würde, dass Paare, die es mit der Ehrlichkeit nicht so ernst nehmen, mehr zur Eifersucht neigen als Paare, die sich gegenseitig ihre Ängste eingestehen. Falls Ihnen eine andere Person gefällt, sagen Sie es. Ihr Partner wird vermutlich grummeln, aber langfristig cooler auf vermeintliche Konkurrenten reagieren. Wenn Sie sich *so* geben, wie Sie sind, wird Ihr Partner lernen, Ihnen zu vertrauen. Das kann dauern, aber es wird sich lohnen. Sie wissen ja, wie das ist: Sie lernen jemanden kennen, verknallen sich vielleicht sogar in diese Person, aber sobald sie ihn oder sie ein wenig näher kennengelernt haben, schlagen Sie innerlich die Hände über den Kopf und fragen sich, was für ein Teufel Sie da geritten hat, sich in so einen Deppen *(oder Deppin)* zu verlieben.

Eifersucht und Neid geben uns das Gefühl, dass jeder besser ist als wir: schöner, klüger, glücklicher. Die Menschen, die Eifersucht in uns hervorrufen, haben Eifersucht definitiv selbst schon einmal gespürt. Dass Eifersucht weit verbreitet ist, macht es ein bisschen leichter, es zu ertragen, glaube ich. Wenn wir zugeben, dass wir eifersüchtig sind, geben wir vielleicht zu, dass wir schwach sind. In Wirklichkeit sagen wir damit, dass wir zu unseren Gefühlen stehen können. Letztendlich geht es um Selbstreflexion. Wenn wir uns selbst besser kennen, gewinnen wir mit der Zeit mehr Empathie für uns und unseren Partner. Eine gute Voraussetzung zur Entwicklung für mehr Liebesfähigkeit und persönlichem und gemeinsamem Wachstum.

FIRST CUT IS
THE DEEPEST

»Die erste große Liebe – Gott ist das lange her«, sagen wir mit Wehmut. So, als ob es ein Auszug aus dem Paradies gewesen wäre. Warum war sie so prägend? Diese Zeit. Vergleichen wir unbewusst jeden neuen Partner mit unserer ersten großen Liebe? Unser unerfahrenes Herz hatte seinen ersten tiefen Schnitt abbekommen. Die Wunde ist längst verheilt, doch den Schmerz, den wir damals empfunden hatten, werden wir wohl nie vergessen können. Nach jedem Beziehungsaus vernarbt unser Herz etwas mehr. So wird aus uns im Laufe der Zeit ein misstrauisches Wesen, das Amor beizeiten als Last empfindet und versucht, seinen Pfeilen auszuweichen. Die meisten von uns können nicht verstehen, welchen Gesetzen die Liebe folgt. Wir denken, wenn wir uns das nächste Mal vorsehen, gelänge es uns schon im Vorfeld, die Schlechten von den Guten zu unterscheiden. Wir wähnen uns in Sicherheit und glauben, die Größe einer Liebe wäre das Fundament für eine dauerhafte Beziehung. Doch die Tiefe einer Liebe zwischen zwei Menschen ändert sich fortwährend. Mal liebt der eine mehr, mal der andere. Wir glauben, je mehr Beziehungen wir hinter uns haben, desto klüger werden wir. Doch warum scheitern dann unsere Beziehungen immer und immer wieder?

Es gibt Menschen, die ihre Jugendliebe verloren haben und Jahre später wieder finden. Wie machen sie das? Wie knüpfen sie an eine Zeit an, die so viele Jahre zurückliegt? Heißt das, dass Liebe, wenn sie einmal entfacht ist, wieder lodern kann, solange die Flamme nicht ganz ausgelöscht ist? Manche Menschen glauben daran. Sie sagen, wenn man einmal einen Menschen tief, sehr tief geliebt hat, wird diese Liebe die Liebenden jederzeit wieder erfassen können und ihre Gefühle füreinander zum Leuchten bringen. Schöner Gedanke. Gelegentlich kommt es zu einer Wiederheirat zwischen geschiedenen Paaren. Haben diese Paare etwa festgestellt, dass das Gras auf der anderen Seite doch nicht grüner ist? Oder war es das Schicksal, das sie wieder zusammenbrachte? Wie wird es diesmal sein: einfacher oder schwieriger?

Stecken Sie, liebe Leserin, lieber Leser, zurzeit in einer vergleichbaren Situation?

Ja?

Gestatten Sie mir, Ihnen ein paar Tipps zu geben:

1. Übernehmen Sie Verantwortung und geben Sie zu, was in Ihrer ersten Ehe schief gelaufen ist; denn alte Verletzungen und Enttäuschungen werden Sie irgendwann einholen. Seien Sie darauf vorbereitet.

2. Wie in jeder anderen Beziehung auch, sollten Sie ehrlich zueinander sein. Teilen Sie sich gegenseitig Ihre Hoffnungen, Träume und Erwartungen mit.

3. Im Kern werden Sie dieselbe Person heiraten. Einige der alten, nervigen Gewohnheiten werden immer noch da sein. Üben Sie sich in Geduld, schließlich haben Sie Heimvorteil.

4. Hören Sie nicht auf Getratsche und Unkenrufe. Es gibt immer Menschen, die außergewöhnliche Geschehnisse missbilligen.

5. Setzen Sie sich nicht unter Druck, dass es diesmal klappen muss. Wenn es klappt, dann klappt es. Wenn nicht, dann nicht. Wichtig ist, dass Sie die Zeit, die Sie zusammen verbringen, mit Liebe und Leben füllen.

An dieser Stelle möchte ich Ihnen erzählen, dass mein Mann Mehmet und ich nach fünfunddreißig Jahren Trennung wieder zueinandergefunden haben. In diesen fünfunddreißig Jahren haben wir uns derart verändert, dass wir nun mit Problemen zu kämpfen haben, die wir als junges Paar nicht hatten. Dafür haben sich nervige Eigenarten von damals in Luft aufgelöst. Es ist so, als hätte ich einen völlig neuen Mann geheiratet. Während ich sofort wusste, dass ich ihn wollte, zögerte er zunächst, zumal ich ihn damals verlassen hatte. Heute (2021) nach drei Jahren Ehe sagt er, dass er sehr stolz auf mich sei, weil ich so innig um ihn gekämpft hätte. Er sagt: »Damals habe ich dich erobert, nun du mich, wenn das mal nicht romantisch ist.«

WISSEN SIE, OB IHR PARTNER FREMD GEHT?

Manche sagen, Untreue sei Treue zu sich selbst. Ein Rettungsanker, um die brüchige Beziehung zu kitten. Dadurch werde *(unbewusst)* Staub aufgewirbelt, um auf Missstände hinzuweisen. Als Reaktion auf ein Defizit sozusagen. Möglich wär's. Andere gehen mit ihrer Untreue offen um. Ein neuer Begriff macht die Runde Polyamorie. Wieder andere machen es mit System und heimlich. Böse böse ...

Fast jede war schon mal in der Rolle der Geliebten oder der Betrogenen. Ganz gleich, wo man in diesem Triangel steckt, Dreiecksbeziehungen sind meist zum Scheitern verurteilt und tun scheißweh! Die Rolle der Geliebten wird verhältnismäßig oft diskutiert, deshalb möchte ich mich heute einmal dem Geliebten, also dem männlichen Pendant widmen.

Mein Kumpel Robert war zwei Jahre lang der Geliebte einer dreizehn Jahre jüngeren Frau *(Nicole)* und ist daran fast zerbrochen. Er scheute keine Mühen, sich mitten in der Nacht bei Wind und Wetter in sein Auto zu setzen und Nicole, die vierhundert Kilometer entfernt wohnte zu treffen, weil sie so Sehnsucht nach ihm hatte. Er sagt heute noch, sie sei die Liebe seines Lebens gewesen. Ich glaube es ihm! Wenn Frauen ihre Ehemänner betrügen, entscheiden sie sich relativ schnell: oft für den Geliebten. Vorausgesetzt, sie lieben ihn aufrichtig. Sie eiern nicht herum, wie es Ehemänner *(oft)* tun, wenn sie vor die Wahl gestellt werden. Wenn Kinder da sind, ist die Situation natürlich ganz anders. Für Männer und Frauen.

Zurück zu Robert. Nach zwei Jahren nervenaufreibenden Versteckspielens bat Nicole Robert, in ihre Stadt zu ziehen nur dann wäre sie stark genug, um ihren Mann verlassen zu können. Robert zog um. Er gab seinen gut bezahlten Job in München für sie auf und war bereit, alles zu tun, um sie endlich jede Nacht in seinen Armen halten zu können. Kurz nachdem er in ihre Stadt gezogen war, verließ sie ihn. Sie verließ auch ihren Mann. Eine sehr starke Entscheidung, wie ich finde! Ich kenne Nicole nicht, aber ich könnte mir vorstellen, dass sie erst einmal herausfinden wollte, was *sie* wollte. Was sie wirklich wollte. Irgendwann viele Jahre später erfuhr ich, dass Robert und Nicole sich wieder trafen. Aus leidenschaftlicher Liebe wurde Freundschaft. Sie hatten es geschafft, aus einem Drama eine Komödie zu machen.

Woran erkennt man, dass der Partner fremd geht?

Ich glaube, man kann das spüren. Es ist nicht nötig, nach dem obligatorischen Lippenstift-Fleck auf seinem Hemd zu suchen. Er spricht ständig, nicht mit Worten, sondern mit der Art, wie er Sie anschaut oder behandelt. Es tut weh, wenn man kein Leuchten mehr in seinen Augen sehen kann oder er keine Zeit mehr mit Ihnen verbringen will. Als Folge verschließen die einen die Augen und machen weiter, als sei nichts geschehen. Andere spionieren herum und tun sich damit selbst am meisten weh.

Ich glaube, wenn man den Verdacht hat, dass der Partner fremd geht, sollte man erst einmal Ruhe bewahren und versuchen, den Zeitpunkt auszumachen, an dem die Liebe verschwunden ist.

Was war passiert?

1. Gab es eine besonders schwere Phase in Ihrer Beziehung?

2. Gab es eine Zeit, wo Sie aufgehört hatten, miteinander zu reden und jeder seine eigenen Wege ging?

3. Ich gehe noch einen Schritt weiter: Oder ist es schon so weit gekommen, dass Sie sich gegenseitig nicht mehr respektieren oder gar hassen?

Wenn Sie merken, dass der Alltag Ihnen keinen Raum mehr für Nähe lässt. Ihr Partner weniger aufmerksam und zärtlich ist, dann reden Sie. Ich weiß, dass die meisten Männer keine Lust auf Dauer-Diskussionen haben. Frauen aber auch nicht! Okay, wir Frauen neigen dazu, in Beziehungsgesprächen alles auf einmal auf den Tisch zu packen und Fakten zu vermischen. Wenn er Sie wirklich liebt, wird er kämpfen wollen. Überlegen Sie sich, was wirklich wichtig ist. Man kann lernen, mit dem Partner so zu reden, dass Themen nicht vermischt werden. Fangen Sie mit einem nicht so brisanten Thema an.

Versuchen Sie Ihrem Partner aufrichtig, aber behutsam zu vermitteln, wie Sie sich dabei fühlen, wenn er Sie so oder so behandelt. Dies gilt natürlich für Sie beide. Dies könnte ein wichtiger Schritt in Richtung Annäherung sein. Aus Annäherung wird Harmonie, aus Harmonie Intimität. Vielleicht suchen Sie einen Paartherapeuten auf. Dort lernen Sie, *wie* Sie miteinander achtsam umgehen. Nicht jeder ist jedoch bereit, eine Paartherapie zu machen. In diesem Fall könnten Sie versuchen, alleine aus dem Beziehungschaos herauszufinden. Ich weiß, dass das schwer ist, aber es gibt keine andere Möglichkeit, eine Trennung abzuwenden. Raffinesse und ein schöner Körper werden einen Mann kaum davon abhalten, andere Frauen zu begehren. Die eigentliche Untreue beginnt ja im Kopf. Nämlich dann, wenn er glaubt, in einer anderen Frau einen freundlichen und verständnisvollen Menschen gefunden zu haben, der ihn respektiert und ihn nimmt, wie er ist. Natürlich gibt es Männer, die es nur auf Sex mit anderen Frauen abgesehen haben, aber ich glaube, dass das, was Männer am meisten brauchen, Wärme, Verständnis und Achtung sind. Möglicherweise sind es *die* Eigenschaften, die er anfangs bei Ihnen gefunden hatte.

Vor vielen Jahren kannte ich eine ältere Dame. Wir gingen oft gemeinsam spazieren oder in ein Café. Sie war eine besonders attraktive Dame von siebzig Jahren. Ihr Mann, so berichtete sie mir, sei achtzig und sie liebe ihn immer noch. »Manchmal, wenn ich ihn ansehe, bekomme ich immer noch weiche Knie«, sagte sie. Ich fragte sie, ob ich ihr eine etwas delikate Frage stellen dürfe. »Nur zu«, sagte sie und sah mich erwartungsvoll an. Ich räusperte mich und fragte: »Glauben Sie, dass Ihr Mann Ihnen immer treu war?« Die Frau lachte. Dann wurde sie ganz ernst. »Finden Sie, dass das eine Rolle spielt?«, fragte sie. »Er ist doch bei mir geblieben. Das zählt. Selbst wenn er hier und da mal fremd gegangen wäre, groß genug kann die Liebe für die anderen Frauen nicht gewesen sein … sonst wäre er ja gegangen.«

Später, als ich wieder zu Hause war, musste ich über ihre Worte nachdenken. Irgendwie klang das, was sie sagte, nach dem Spruch: Appetit kann man sich draußen holen, aber gegessen wird zu Hause! Diesen Spruch habe ich noch nie gemocht! Doch die Art, *wie* sie über ihren Mann gesprochen hatte, war absolut echt und glaubwürdig, ganz gleich, welchen Vergleich sie sonst herangezogen hätte. Hey, es war ihre Wahrheit, nicht meine! Letztendlich ist es eine Frage der Wahrnehmung. Manche Frauen verlangen bedingungslose Treue, andere sehen diese Dinge lockerer, wie mir scheint. Wir verfallen allzu leicht in den Irrglauben, der andere würde eh nicht gehen. Wir verlassen uns auf die Macht der Gewohnheit. Vielleicht sogar auf materielle Abhängigkeiten. Fakt ist: Wenn kein Vertrauen und Respekt mehr füreinander da ist, ist es eine Frage der Zeit, wann auch die einstmals größte Liebe sein Ende findet. Das Fremdgehen wäre dann nur ein Hinauszögern einer Trennung, quasi ein Hilfeschrei. Aber! Man kann nie wissen, was Amor so mit einem vor hat. Es gibt für nichts eine Garantie. Selbst eine Trennung ist niemals *(wie bei meinem Mann und mir)* eine Trennung für immer.

ES IST IHRE LIEBE, LASSEN SIE SICH NICHT REINREDEN

Während ich meinem Liebes-Blog schreibe, Abend für Abend, leiden irgendwo da draußen unzählige Menschen an Liebeskummer. Starke Frauen und Männer, die ihr Leben fest im Griff haben, fallen in sich zusammen, wenn der geliebte Mensch sie verlässt. Es ist vorbei. Sie wissen, dass sie nicht mehr, für diesen einen Menschen etwas Besonderes sind. Nach einer anfänglichen Schock-Starre warten sie auf die erlösenden Tränen wie von Dürre geplagte Bauern auf den Regen. Sie schleppen sich ins Bett, an den Ort, wo sie sich geliebt hatten und es immer noch nach dem geliebten Menschen duftet. Sie greifen nach seiner Lieblingstasse, wenn sie sich einen Kaffee kochen wollen und bleiben unweigerlich vor dem Süßigkeiten-Regal im Supermarkt stehen, wo sie sich minutenlang geküsst hatten. Sie haben noch seine Stimme im Ohr und kämpfen gegen ihre Tränen an, wenn sie an *ihrem* Café vorbei gehen. Man beugt sich über die Beziehungsscherben, nimmt sie in die Hand und merkt nicht einmal, dass man blutet. Es ist diese verdammte Zeit, wo man nachts an seinem Haus vorbeifährt, nur um in seiner Nähe zu sein. Man ist in der Vergangenheit gefangen und kann nicht begreifen, dass es keine gemeinsame Zukunft mehr geben wird. Es ist diese verfluchte Zeit, wenn einem die anderen mit ihren vermeintlich gut gemeinten Ratschlägen in den Ohren liegen: »Hey, kapier doch, er *(oder sie)* hat dich einfach nicht geliebt ...«, sagen sie.

Stopp!
Wer, wenn nicht Sie kennt Ihre Beziehung wirklich?
Wer maßt sich an, zu behaupten, Sie wurden nicht geliebt?

Es ist *Ihre* Liebe, die vielleicht nur innehält, um dann in seiner vollen Blüte neu zu erstrahlen, weil Sie am Ende *(doch)* wieder zueinandergefunden haben! Vielleicht aber bleiben Sie getrennt und werden beste Freunde. Alles ist möglich. Einfach alles! Natürlich ist es wichtig, mit Freunden über seinen Liebeskummer zu sprechen, doch echte Freunde werden keine plumpen Ratschläge erteilen.

Echte Freunde bauen auf!

Echte Freunde hören zu.

Sie sind liebenswert!

Und Ihre Geschichte war echt.

Sie ist echt!

Er oder sie hat Sie geliebt, wie lange und wie tief weiß nur der Himmel. Selbst wenn es keine Liebe war, so haben Sie in ihm Spuren hinterlassen. Wer weiß, vielleicht hätten Sie ihn kurze Zeit später selbst verlassen. Es ist passiert, aus welchen Gründen auch immer und Sie waren beide daran beteiligt. Ihr Herz ist groß, groß genug, um alle Menschen dieser Welt zu lieben. Lassen Sie sich nicht vorschreiben, wen Sie dort hinein lassen und wen nicht.

Echte Freunde manipulieren nicht.

Sie stellen die richtigen Fragen, ohne eine Antwort zu erwarten.

Denn die Antworten auf Ihre Fragen sind dort, wo auch die Liebe wohnt, in *Ihrem* Herzen.